香港城市大學中文及歷史學系
創系十週年叢書
04

跋涉

蕭紅的哈滬港行記

劉東 著

中華書局

獻給所有的出東北者

香港城市大學中文及歷史學系創系十週年叢書總序

客人來訪，都說香港城市大學方便，以其連接交通樞紐，毗鄰購物商場。商場被學生戲稱為「白區」，從白區穿越時光隧道，通過紅門，進入紫綠藍黃紅區，便是大學。的確，校園商場，幾近無縫接軌，大學在城市之中，城市也在大學之內。在大學的某個角落，有一個「中文及歷史學系」，師生們也在埋首研究和書寫城市。中文及歷史學系由創系系主任李孝悌教授建立之初，即以中國口岸城市研究為主要發展方向。光陰荏苒，轉眼十年，是時候交些功課，本輯「創系十週年叢書」，即立意於此。

我們去年年末邀請一些同仁為叢書撰著，今秋陸續收成，發現大家竟不謀而合地皆論及或立足於城市，且古今相投，前後呼應。古代方面，有兩千多年前的楚都紀南城（沈德瑋），千多年前的長安與上黨（呂家慧）、寧波和日本福岡與奈良（李怡文）。近代方面，有兩本不約而同地以十九至二十世紀的香港為主題（程美寶、陳學然），但一旦講到香港，便不得不論及鄰近城市。有兩本分別追溯蕭紅在哈爾濱和上海（劉東）、饒宗頤在新加坡（楊斌）的人生軌跡，但這兩位主角最終都魂歸香港。二十、二十一世紀之交，人類學家（曹南來）遠赴巴黎、羅馬，尋覓的卻是溫州的身影。即便是文學創作，兩位作家（馬家輝、陳志堅）既生於斯長於斯，自然亦從香港出發，或在九龍碰上李小龍，或到上海尋覓魯迅。

倘若讀者覺得老師們的文筆太老氣橫秋，不妨來點「小清新」，讀讀城大本科生的文學創作——特別感謝潘步釗博士和陳志堅博士兩位中學校長為本系開設文學課程，給學生悉心指導，並多年擔任本系主辦的「城市文學獎」顧問和評判。二人合編《城市微縮》，收入本系和城大其他學系本科和碩士生的散文作品，他們對同學的讚許和鼓勵，想必比本校老師更為中肯。同時要感謝的，是本系同事范家偉，他編輯《鑽燧薪傳》，收入多年來碩博士在讀和畢業生的學術論文，邀請校外人士評審，敦促同學改進，一如既往地為學系的研究生教育嚴格把關。

同事們平日在辦公室大部分時間都埋首書齋，即便在走廊碰面，也只是匆匆點頭問好，隨即返回自己的天地，所謂君子之交是也。師生在課室相見，花開花落，又是一個畢業季，又是一個開學日，都未必記得彼此的名字。同事師生間的相識與相遇，儼如城市行人擦身而過，份屬隨緣。猶幸的是，「叢書」將接近五十位作者和編者通過文字和出版聯繫在一起，有史學有文學，由考古學到人類學，自戰國時代至二十一世紀，給讀者呈獻一趟歷經古今中外數十個城市的超時空之旅。各部作品體例不同，寫作風格有異，但都不會因為篇幅短小便顯得內容膚淺，而是盡量做到言之有物。讀者若能從叢書序號 1 讀起，一本一本讀到第 12 號，浸沉在昔日都城的繁華盛世，看到它們煙飛灰滅或今不如昔，則對自身有生之年所目睹的城市興衰，不會感到不解或感傷。最後讀到年輕人的寫作，聆聽他們對城市的觀察與隨想，理解他們在微縮的時空裏，如何把文字化作一道掌風，對抗遺忘，最終夢遊至那「不存在的城」，也許便是希望所在，亦算是我們出版本叢書的一個不經意的成果。

程美寶、陳學然 謹識

2024 年秋冬之際，深水埗與九龍塘之間

目錄

第二章

上海

前　言

寫作者蕭紅

本書可以視作一部另類的蕭紅傳記。不同於以生平為中心的常規結撰方式，本書採用了一種相當「冒險」的寫法：對蕭紅作品的分析被放置在中心位置，構成了串連本書的核心線索。

這是因為蕭紅的生平經歷早已為公眾所熟知。據不完全統計，從駱賓基《蕭紅小傳》(1947)算起，蕭紅傳記已有上百部。可一提起這位作家，人們往往談及的是她作為「文學洛神」的不幸遭遇，抑或是幾段不盡如人意的感情生活。這些苦難故事與花邊文學，早已衍生成為無數版本，而且飽含爭議。事件的當事人各執一詞，早逝的蕭紅處在風暴眼，是沉默的中心。

蕭紅成長與生活的是一個不折不扣的大時代。倘以常情揣度她的生平經歷，大概只能獲得一個簡單的刻板印象：「文學洛神」、早逝的天才、無助的女人、被時代耽誤了的作家；蕭軍、端木蕻良、駱賓基，是圍繞在蕭紅身邊的三個男人，感情裏的負心人。類似話語不斷沉澱，造就了今日蕭紅形象的單純。2014年，由李檣編劇，許鞍華導演的電影《黃金時代》採用擬紀錄片手法，有意突破，可形式的複雜仍未改變全片敘事邏輯的簡單。在這部影片中，蕭紅仍為感情所定義，蕭軍、端木蕻良、駱賓基三人又被蕭紅所定義，他們精彩的生命經驗在既定的敘事模式下收縮成為一則女性向時代的柔弱控訴，至於「女性」與「時代」的具體意涵，則是被抽空了的。

一方面無限逼近作家個體，甚至是私生活的海量細節，一方面卻是驚人簡單的形象與認知，蕭紅的傳記似乎最為顯豁地呈現出「傳記」文體的不可信性——一個人的生命經驗是可以再現的嗎？我們能夠依賴生命碎片去定義人的一生嗎？更具體而言，如果說「傳記」的預設是依賴細節紡織出作家生命作品的「整體」，那這個任務是有可能達成的嗎？

而在蕭紅這裏，更耐人尋味的是：傳記作者們所仰賴的「細節」，不是出自同時代人的回憶文字，就是源於蕭紅自己的作品。這與蕭紅創作的「自傳性」高度相關，如果沒有這些文學作品，今日的傳記作者甚至無法獲得如此詳盡的生平材料。可傳記作者們又似乎把這些作品想像為太過透明的文本，這種對文本的處理方式未免有些「粗暴」。轟毀形式的圍欄，我們終於在歷史的縫隙裏找尋到了蕭紅，卻是與「文學」無關的。

我想這可能是因為我們都忽略了「文學」的緣故。蕭紅幼年喪母，青年逃婚，孕中被棄，意外獲救後走上文學道路。她先後流徙在哈爾濱、青島、上海、武漢、重慶與香港，經歷國恨家難，飽受病痛折磨，在短短十年時間裏，留下了近百萬字的作品。這些創作大都具有自傳性，寫作與她的生命經驗纏繞交織。從哈爾濱、上海到香港，她的視野一步步擴大，蕭紅憑藉寫作改變了自己的命運，也憑藉寫作面對並回應着愈來愈為廣大的世界。在這個意義上，寫作構成了她消化個人創傷，梳理自身與時代關係，回應社會問題的手段。這些作品忠實地記錄了她的思想痕跡，也是最為一手的精神史材料。拋開作品，蕭紅的一生也變得乏善可陳。

本書提出「寫作者蕭紅」這一概念，就是希望重新喚回「寫作」行為的第一性。「蕭紅」首先是一個文學存在，寫作者的生活只能經由寫作來證明。因此，本書有意採取一種相當冒險的寫法，希望回歸形式批評，以文本細讀為中心，由此寫出一部「文學」的傳記。筆者相信，相較於外部材料，只有從文學作品的形式中破獲那些凝結在歷史中的慾望與願望。打開形式，才能抵達最為內在的真實。文學研究者蔣暉曾精闢指出：「形式是以藝術手段表現出來的內容，是使一部作品得以自我確立的精神實體。一件作品的形式說到底就是這件作品和世界的根本關係。作品通過形式言說世界，人的意識對存在整體的把握通過形式而凝固下來」。形式「關係着作家以甚麼樣的方式進入和理解世界，他的藝術的政治性、倫理性都根基於此」。尊重文學的形式自律性，重新回到文學，或許很多問題在蕭紅那裏早就有了答案，不過是以文學的名義保存。

從一無所有的逃婚女人成為文壇著名的青年作家，寫作改變了蕭紅的一生。文字對蕭紅來說，不僅僅是記錄，更是創造，是思索，是激發。魯迅曾高度評價蕭紅有「越軌的筆致」，這從她初入文壇伊始就有淋漓盡致的展現。蕭紅始終是一位有着濃郁個人風格的作家。今日為研究者津津樂道的「兒童視角」、性別化敘事與日常生活敘事，都是蕭紅看待世界的眼光。追蹤它們在文本中緩慢的生長過程，有助於我們把握蕭紅生命經驗中的變與不變。而作為一位願意反覆書寫記憶的作家，記憶對於蕭紅而言有着相當特殊的意義。對記憶的重複書寫，意味着蕭紅在變動不居的世界裏找尋自己存世的依據。在這個意義上，蕭紅的創作相當「耐讀」，因為她真正做到了用文學思考，又保有了對文字的忠實。她在文學中保留了她的痛苦、不安與對種種情緒的克服，將她的作品串連在一起，彷彿可以形成一條療癒自我、回應時代的思想軌轍。而由粗糙到精良，從借助理論的腳手架到鍛造出個人的意義尺度，這或許正是「寫作者蕭紅」的核心含義，也是蕭紅留給今日寫作者的財富：不斷寫下去，迎着時代的風。

「不同的世界」

限於篇幅，本書特別選擇蕭紅在哈爾濱與上海兩段文學經歷為核心內容。這種挑選並非無意，而是因為蕭紅的文學經驗事實上是在不同城市之間穿梭往復形成的。哈爾濱與上海，則是一切故事的原點。

> 現在是一九三五年十一月十四日的夜裏，我在燈下再看完了《生死場》，周圍像死一般寂靜，聽慣的鄰人的談話聲沒有了，食物的叫賣聲也沒有了，不過偶有遠遠的幾聲犬吠。想起來，英法租界當不是

> 這情形，哈爾濱也不是這情形；我和那裏的居人，彼此都懷着不同的心情，住在不同的世界。然而我的心現在卻好像古井中水，不生微波，麻木的寫了以上那些字。這正是奴隸的心！——但是，如果還是擾亂了讀者的心呢？那麼，我們還決不是奴才。(魯迅：〈蕭紅《生死場》序言〉)

1934 年 11 月，魯迅從內山書店輾轉收到兩位東北青年的來信，一位叫悄吟(蕭紅)，一位叫劉軍(蕭軍)。一併附上的還有他們的書本和稿子，其中有這本《生死場》。一年的時間裏，從寄去書店出版不成到最終自印，《生死場》的出版過程跌跌撞撞，魯迅與二蕭間卻建立起驚人的信任。二蕭的人生軌跡就此改變，對魯迅來說，二蕭的出現也彷彿填補了心裏的某個角落，似乎有些想法可以寄託。

這是一部抄在複寫紙上的稿子，密密麻麻的小字，句法很怪，文字也有不通處，魯迅耐心校讀了兩遍。《生死場》是一部打動了魯迅的作品。正是這顆「青杏」，[1] 記錄下魯迅難得的動情時刻——文中不斷

---

1 這裏挪用的是蕭軍用來形容自己的作品《八月的鄉村》時的說法。

出現「麻木」、「奴隸」的字樣，正是情感被擾亂的反題。

值得注意的是，情感的擾亂發生在魯迅意識到區域經驗的差異之後。上海與哈爾濱，租界區與非租界區，城市與鄉村，是「不同的世界」，原來經驗並不是僅憑藉想像就可以簡單共鳴、通約的。這正是魯迅的獨到之處，他的共鳴並不單單針對同為「中國人」的辛苦，而是指向着更為深摯的理解。真正的理解，原來是發生在意識到彼此不同的時刻。

1931 年夏天到訪哈爾濱的朱自清也曾有相似的體驗：「這裏的外國人不像上海的英美人在中國人之上，可是也並不如有些人所想，在中國人之下。」對當地中國人來説，「外國化是生活自然的趨勢，而不是奢侈的裝飾，是『全民』的，不是少數『高等華人』的」，因而，這裏「與洋大人治下的上海，新貴族消夏的青島、北戴河，宛然是兩個世界」。這或許是「中國」的弔詭。哈爾濱、大連、青島、上海、香港，不同力量促成了這些城市的崛起，也造就了中國不均衡的現代化進程，其影響綿延至今。今日讀者仍然能清晰辨認這些城市迥然不同的「異國情調」，退回到百年前，雖然都是「中國的日夜」(張愛玲語)，卻也是「不同的世界」，區域經驗的差異性是顯而易見的。

因此，蕭紅在城市之間穿梭行走的意義也就與今日有所不同。穿越「城市」本身對作家而言，就是一次挑戰。文學事業看上去是一個人的志業，其實往往要依託於具體的環境與時空。林立的城市是素材的提供者，也是故事的加工地，城市往往塑造了作家們的「語言」。而對蕭紅來説，她「穿越」的，恰好是複數的「中國」。故土淪陷，上世紀三四十年代東北籍青年作家不得不一次次出走，進入到陌生的城市。[2]他們生活並遊走在這個「不均衡的現代」裏，他們的故事是穿梭在「中國」之間的寫作者達成理解抑或誤解的故事。他們遭遇失語的困境，也有蜚聲文壇的喜悦。他們延續以往的創作慣性，也因應現實調整着自己的風格。陌生的城市一次次相對化了寫作者此前的創作經驗，也迫使他們逐漸逼近自己期待的表達。

這事實上對我們的閱讀也提出了更高層面的要求，化用學者、譯者王璞的説法，閱讀蕭紅要充分關注她生命中每個階段的歷史性，並由此關注到作品的歷史性，因為它們就植根在歷史時刻和蕭紅自己的思

2　這其中有哈爾濱、上海與香港的都市繁華，還包括不同政治力量主持建設的奉天（奉系）、武漢與重慶（國民政府）、桂林（桂系），以及延安（中國共產黨）。

想關切之中。也正因此，閱讀蕭紅也構成了一次對上世紀三四十年代「中國」的重新叩訪。從哈爾濱到上海，從上海到香港，蕭紅筆下的「中國」伴隨這趟跨域流動的旅程而不斷生長，蕭紅所有的文學，都形成對於「中國」不斷豐富的認識之中。它緣起於哈爾濱（「滿洲國」）的文化抵抗經驗，又在國際左翼運動鋪設的文化管道中流通到上海，在接榫上海左翼文壇以後，有所保留也有損耗，也因此被推入更為廣大的文化場域。城市宛如一座座跳躍的島嶼，為蕭紅提供了一個個通向外部的「接口」，這些「跳島」之間的理解與誤解，組成了蕭紅文學生涯的悲喜，也顯影出「中國」的全部複雜意蘊。

左翼蕭紅

我們也由此需要重新面對「左翼蕭紅」這個老問題。重提左翼蕭紅，在今天似乎是個不討喜的作法，尤其是在一部關於蕭紅的文學傳記裏。事實上蕭紅形象在今日的單薄，已經意味着她背後的經驗正離我們這個世界愈來愈遠。讀者把蕭紅看成柔弱的天才女作家，其實是因為以我們今日衡量文學的標準只能看到這樣的蕭紅。蕭紅所攜帶的文學經驗，愈來愈缺乏與社會相互動的介面。

所以，即使讀者能讀出蕭紅前中期創作裏清晰的左翼關懷，這種僵硬的階級分析的話語方式，在今日恐怕早已不再奏效。讀者往往輕易將上述作品掃入歷史的垃圾堆，不再深究那些藏於理論背後的心思與關懷。

但問題在於：面對充斥左翼詞彙的蕭紅早期創作，我們其實無法將左翼學說與蕭紅的創作剝離開來。蕭紅在哈爾濱時期曾寫過一篇非常小的文章，題目叫〈小黑狗〉（1933）。故事本身並沒有甚麼獨到的地方，不過寫了一群生下來但養不起的小狗的悲慘命運，敍事者由狗及人，看到弱者在弱肉強食的城市中艱難生存的悲哀。有趣的是，蕭紅有意寫了女主人公「我」與男主人公平森（有蕭軍的影子）兩個人在這件事情上的不同看法。對平森來說，這當然是個很稀鬆平常的經驗，他雖然並不如房東太太、老經管那般麻木，沒有對一窩一窩生出來的小狗感到厭煩，但也沒有扔掉牠們的想法，對平森來說，「這是平常的事，凍死，餓死，黑暗死，每天有這樣的事情」，人尚且難救，狗的死活就更不值得關注，所以就此滑過。面對平森的説教，「我」在理智上表示了贊同，卻最終哭了出來。而小説就收束在「我」頗具意識流的觀察中：「平森的小腳，鴿子形的小腳，棲在床單上，他是睡了，我在寫，我在想，玻璃窗上的三個蒼蠅在飛……」關鍵詞是「我在寫，我在想」。這意味着這一經驗在「我」這裏難於清除，「寫」由此成為一種將感性經驗理智化的努力。

這一例子或許剛好寓言化地呈現出蕭紅與左翼理論之間的複雜關係。平森所代表的左翼理論一方面奠定了「我」理解世界的基本格式，「我」卻並未因此放棄自己在認識世界過程中形成的感性看法，二者不能分離。綜觀蕭紅的一生，有必要承認的是，左翼學說第一次為蕭紅的既往經歷提供了完整解釋，可她對於左翼理論理解的深入也疊合着她自身對生命經驗認識的深入，可以說，二者互為因果，水乳交融。

今日讀者在設想一位作家時，往往傾向於尋覓到作家的創作自我，而將一切理論與影響打入「外部」，可探究蕭紅的創作經驗，正是探究一名寫作者如何在變化的時空語境中找尋自我的過程。這裏的自我並不穩定，既源於對自我生命經驗的追問，也有理論工具的催化，既包含了外部世界不斷變化所帶來了認知迭代，也包含了文學傳統的承繼與破壞。作家正是在最為理性的知識與最為感性的體驗之間來回擺盪，借助理論的「腳手架」，在記憶的反覆淘洗下，逐漸鍛造出自己認識世界的眼光。

在這個意義上，恢復「左翼蕭紅」並不是在宣揚一種立場，而是還原一種語境。這也是文學史研究介入的契機。所謂文學史，是文學的歷史，而不是以文學作品為材料寫就的歷史。某種意義上，文學史保留的是文學的骸骨。而文學史研究的意義，便是激活那些曾經「文學」的瞬間。

或許傳記寫作，也便是一場以文字激活文字的探險。意國傳教士利瑪竇曾以精闢的漢文詮釋文字的神妙：「百步之遠，聲不相聞，而寓書以通，即兩人者睽居幾萬里以外，且相問答談論如對坐焉……百世之後人未生，吾未能知其何人，而以此文也，令萬世之後，可達己意如同世。而在百世之前，先正已沒，後人因其遺書猶聞其法言，視其豐容，知其世之治亂，與生彼世無異也。」這或許是後世文字所能達到的最理想境界。古人云，「妙證如水」。真正的理解常常在文字「之間」。本書重新描繪蕭紅「破繭成蝶」的歷程，似乎同時叩問的是人在時代大潮中抵達自我的方式。這裏的蕭紅也可以替換成每一個正在閱讀的「我們」。

第一章

哈爾濱

「春天到了」

1932 年盛夏的哈爾濱，倘若從東興順旅館的窗口向外望，會看到一片洪水汪洋。

連續 27 天的強降雨形成洪水，沖垮了道外的松花江堤。洪水湧入市內，淹沒大量路段，中央大街甚至可以行船。

21 歲的張迺瑩枯坐在狹小的房間裏，幾天前她無奈寄信向《國際協報》求助，竟然等到了帶着回信來找他的編輯，這是陷入絕境的她所能抓住的最後一根稻草。但稻草今天沒有出現。

她看向窗外，一隻拼命求生的豬仔正努力向一塊木板游去。豬仔不知，沒有無緣無故出現的木板，蕭紅卻捉住了背後那雙貪婪眼睛 —— 她見證了一個圈套的誕生。這豬仔有沒有可能是自己？類似念頭一定閃過。

可那也沒有別的選擇了。為未婚夫拋棄的獨身女人，離家出走，身懷六甲又負債累累，還有甚麼可失去的呢？更何況，前夜遇到的那位編輯不是把地址塞給她了麼？這個叫三郎的生得一對劍眉，腰桿筆直，滿身正氣。他不是還寫過一篇〈孤雛〉麼？故事裏的青年作家雖然自己過得左支右絀，但不還願意搭救路旁帶着孩子的少婦麼？少婦最後也選擇了他托孤。無論怎樣，她只能抓住，讓自己成為那隻「孤雛」。文學、正義、三天兩夜的激情，她將全部的真心擲出：

這邊樹葉綠了。
那邊清溪唱着：
——姑娘啊！
春天到了。
（蕭紅：〈春曲〉）[1]

1 這是蕭紅與蕭軍第一部作品合集《跋涉》的開篇詩作，題為〈春曲〉。又在集內蕭軍所作小說〈燭心〉中再度出現，是小說女主人公畸娜「第一次」為男主人公春星寫的定情詩。一二句順序有調整，為「那邊清溪唱着，這邊樹葉綠了」。又出現在1937年蕭紅自集詩稿〈春曲〉組詩中，文字與〈燭心〉同。

1932 年蕭紅遭遇的「絕境」，成了後人津津樂道的「英雄救美」故事。這則故事中包含了太多傳奇與偶然，以致人們總是把它想像成一曲現代版的「救風塵」。人們或認為是蕭軍「救」了蕭紅，或是舒群「救」了蕭紅，又或者是方未艾和蕭軍一起「救」了蕭紅，蕭紅是這則故事裏確定無疑的被搭救者。

蕭紅當然是被救者。1932 年在任何意義上都構成了蕭紅生命的全新起點。她被一個由哈爾濱左翼青年組成的群體接納，獲得了發表園地，並從此與他們一道在生存線上奮鬥掙扎。他們確實救了蕭紅。但蕭紅也因此獲得主動性：在她一年後創作的小說〈棄兒〉裏，是女主角跳出窗去，找到了船，並渾身濕淋淋地叩開了蕭軍寄宿的裴馨園家的房門。這可能是她的主動虛構，但更可能是真實情況的還原，[2] 無論哪種情況，在蕭紅筆下，生活裏不存在任何驚天營救的高潮。但這已經是她的「春天」。

2　我們今日在蕭軍的作品中，找不到他直接承認去坐船搭救了蕭紅的細節，反倒是有因囊中羞澀，放棄搭救的文學橋段。

哈爾濱大洪水

（圖片來源：魏時煜教授《跋涉者蕭紅》紀錄片）

記憶的形體

如果説研究者公認回憶構成了蕭紅主要的創作方式，那麼 1932 年的這場洪水剛好可以視作開始。蕭紅早期的重要作品〈棄兒〉（1933）正是圍繞這場經歷展開的創作。站在一年後的關口，蕭紅仔細清理回憶，撰寫了一個女子在洪水中順利逃生，又在寄人籬下中等待生產，被送到醫院產女後，不得不將孩子送人而與情人一起投身革命的故事。

研究者們大都看重這部作品的自傳性，作品裏的頗多細節，往往未經考證就成了今日文學傳記及影像揣想復原當時場景的基本橋段，而對充斥全文的左翼詞彙「視而不見」—— 畢竟作者在小説中明確解釋，「丟掉一個小孩，是有多數小孩要獲救的目的」。

對故事細節不假思索的取用與對小説中左翼語法的忽略，其實凸顯了相同的閱讀症候：人們常常忽略蕭紅創作行為的主動性，而不自覺將其矮化為素材的提供者。可試若多問一句：這些細節，難道不是故事當事人主動曝露給我們的嗎？這些立場鮮明的左翼詞句難道不是蕭紅主動寫下的嗎？滲透進文本肌理的左翼詞藻如幽靈般的顯現，傳遞着蕭紅解釋自身命運的迫切願望。回憶行為在這裏是主動性的選擇，是寫作使寫作者既往的駁雜經驗獲得了條分縷析的梳理。而在文本中確立起言說主體，也就同時找到了寫作者立身處世的依據。

回到〈棄兒〉，小說起筆在「一個肚子圓得饅頭般的女人」獨自面對窗外洪水的時刻：

> 水就像遠天一樣，沒有邊際的漂漾着。一片片的日光，在水面上浮動着的大人，小孩和包裹都呈青藍顏色。

上升的水位似乎彌平了階序和差異，讓哈爾濱褪去了平日危險的面孔，竟讓作者獲得了某種觀察城市時的穩定感。我們會感到恍惚，疑惑這種視覺上的宏觀把握，到底是不是出自那個「肚子圓得饅頭般的女人」。畢竟這位枯坐在房間裏的女人有着無比靈敏的感官，她聞着「水的稀薄的氣味」，看着「沉靜的黃昏在空中流蕩」，「耗向黑沉沉的像山谷，像壑溝一樣的夜」，聽着「從窗口不時衝進來噪雜的聲音」，所有的感官無不在傳遞着外在世界的威脅。她的手因此「驚恐憂鬱」,「手指四張」,只能無措地觸摸「突出來的自己的肚子」,一切都是「生疏」的,包括她自己的身體在內。如果説自波特萊爾開始,城市對作家而言就總是意味着危險且迷人,對蕭紅來說,恐怕再沒有比水災事件更驚懼的都市體驗。這是她的絕境。蕭紅在回憶時充分伸展開了她的感官,細密地捕捉了記憶中的恐懼與絕望,人物化身成為感官的「器皿」。

有趣的是,也正是憑藉着感官的敞開,作者有機會消化都市作為複雜有機體的眩暈——「水就像遠天一樣,沒有邊際的漂漾着」,小説起筆處正是水天連成一線的全新視覺體驗,因為水天一線,日光成了一片片的,遠處的災民凝縮成了浮動的青藍色。小説後文進一步敷演這種水陸天錯位的視覺體驗:「江堤沉落到水底去了,沿路的小房將睡在水底,人們在房頂蹲着。小汽船江鷹般的飛來了,又飛過去了,留下排成蛇陣的彎彎曲曲的波浪在翻捲。」因為堤壩沉到了水底,根據相對位置關係,水面的小汽船也便可説成是在空中。上漲的水位把樓房變成了「河岸」,女人被船載着逃離，就「開始向無際限閃着金色光波的大海奔去」。

借助無數的譬喻、類比以及想像，蕭紅賦予哈爾濱一種自然化的修辭，在城市因水災退回到「第一自然」的錯覺裏，作者第一次在視覺層面有信心展開對於這座城市的宏觀把握。當然這種信心也會轉瞬即逝。當太陽西落，光「慢慢的耗，耗向黑沉沉的像山谷，像壑溝一樣的夜裏去」。黑夜中的樓房彷彿峭壁壑溝，連着洪水便形成了「山谷」，恐懼在這個譬喻裏被再度喚回——既然是「自然」，當然是人力無法掌控的存在。在這個意義上，感官意味着把握，也意味着侵擾。〈棄兒〉中最具症候性的一幕莫過於女主人公離開房間跳下樓去的時刻：

> 六七個月不到街面，她的眼睛繚亂，耳中的受音器也不服支配了，甚麼都不清楚。在她心裏只感覺熱鬧。同時她也分明的考察對面駛來的每個船隻有沒有來接她的蓓力，雖然她的眼睛是怎樣繚亂。
>
> 她嘴張着，眼睛瞪着，遠天和太陽遼

闊的照耀。

在這段描寫中，聽覺與視覺開始呈現出某種分離關係：眼睛雖然繚亂，仍能勉力控制，耳朵卻是早早不服支配的所在了 —— 不同的感官之間在衝撞。某種意義上，〈棄兒〉裏這個「嘴張着，眼睛瞪着」的女主人公正是蕭紅敞開感官，書寫記憶的絕妙象徵。對於經驗的回憶常常不免傷害的喚醒與情緒的侵襲，可經驗的意義也只有在反覆細描中塑造出形體。經驗的敞開，「抉心自食」，或許是療癒與創造的開始。

應該説，感官向外部世界的無限敞開是蕭紅創作的一大特點，這種寫法在〈棄兒〉中初見端倪。感官描寫在這裏並不只具有修辭意義，更代表了某種蕭紅處理記憶與經驗的倫理態度。忠誠於體驗，尊重在場感，正是借助這種對身體與情緒感知的不斷喚醒，對經驗（尤其是創傷經驗）的反覆凝視，蕭紅逐漸鍛造出相對穩定的文本主體。

一個提煉這種創作方式的絕佳比喻是「夢」。那些不忍提起的記憶彷彿前塵往事，在生活中時時有復現的契機。夢是虛像，體驗起來則無比真實。夢與現實有着清晰的隔離，卻依然危險。夢的威脅，只能在反覆記憶中等待脱敏。在這個意義上，〈棄兒〉開篇那個穩定的敍事聲音，其實是蕭紅反覆記憶過程的結痂。書寫是結痂的文字型態，幫助作者形成了與「惡夢」之間的間離。而那個不時浮現的人物「內視角」，是記憶殘留的情緒碎片，依然在結痂下洶湧。

「夢」的比喻並非向壁虛構，而脱胎於蕭紅同時期一部不太出名的作品。蕭紅極少回憶自己逃去北平上中學期間的經歷，〈中秋節〉（1933）是其中一篇。文本起筆於同屋子的兩位貧窮兄長對自己的照顧，不惜當掉被子換來碎煤，讓着單衣的我能夠取暖，在寒冷的九月稍稍有所依恃。但小說寫到這裏並未停筆：

> 這已往的事，在夢裏，又關不住了。

時間被瞬時拉到當下，原來故事裏的我之所以想到往事，是因為又到了一年中秋節，我身邊有了愛人，兩人依然貧寒，只能到友人家蹭吃月餅充飢。引文是連結前後兩部分的關鍵句。北平經歷其實只過去了兩三年，在敍事者心中卻早成了希望「關」起來的

「往事」。可「往事」偏偏在「夢」中被喚醒。貧窮慘澹的經歷，會在未來無數個貧窮的瞬間被一次次喚回，先是成為夢魘，而後經歷記憶的反覆塑造形，緩慢結痂脫敏。〈中秋節〉留下的正是這樣一個進程中的文本痕跡。這或許是記憶話題之於蕭紅這位作家的獨特性所在。

回到〈棄兒〉，我們可以說：「夢」的說法剛好用來描述這部作品的敘事風格。承上所言，小說的主體部分採用了無限貼合女主人公的「內視角」敘事，輔助以大量自由間接引語，但敘事者可以隨時跳脫開這個視角，呈現為內外視角的瞬時交錯。這一特點在小說中最為集中的呈現便是前幾節裏頻繁出現的「一個肚子圓得饅頭般的女人」、「住在二層樓上那個女人」、「一家樓梯間站着一個女人」，「女人」的稱呼，建立起了一個相對間離於這段親身經歷的敘事位置，便於形成一個相對穩定的文本主體。如果向後看去，從《生死場》(1935)到《商市街》(1936)，從〈牛車上〉(1936)、〈家族以外的人〉(1936)到《呼蘭河傳》(1940)、《小城三月》(1941)，伴隨蕭紅寫作的成熟，這一敘事風格逐漸演化成今日為讀者所熟悉的籠罩在回溯性敍事中的擬設兒童視角。〈棄兒〉也由此奠定了一種獨特的語言風格、渙散、非聚焦，「不在敍事而在摹狀」，而「在句子組合上體現了散點透視的特色」。[3] 在她的作品裏，敍事者的視線既高度集中，又極易渙散。她傾向於選擇對一些人們習慣性忽略的場景大量着墨，在「常規」敍事中增加許多「閒筆」。借助語言的在場，小說得以阻斷「正常」的敍事感，進而製造出敍事時間的變形，藉以傳達情緒、勾畫性格。

這樣看來，〈棄兒〉在任何意義上都構成了蕭紅未來寫作的起點。蕭紅自 1932 年踏入文壇，到 1942 年在香港抱憾離世。僅僅十年時間，她留下了上百萬字的作品。十年文字生活的蓬勃背後，是難以為常人想像的淒悼生活。她在青少年時期經歷了太多事情：年幼喪母，父親續娶，包辦婚姻，離家出走，情人背叛，窮困潦倒，民族危亡，彷彿時空經驗被壓縮，這些廣義上的現代化轉型矛盾，以及地緣政治的衝突，

3　文貴良：〈《呼蘭河傳》的文學漢語及其意義生成〉，《文藝爭鳴》，2007 年 7 期。

孕中蕭紅與蕭軍合影
（圖片來源：魏時煜教授《跋涉者蕭紅》紀錄片）

都疊映在一個年輕女性的生命經驗裏。她傾其一生思索消化，也就此緩慢形成自己認知世界的方式。在這個意義上她可能真正是「把自己作為方法」的作家。或許她知道：形成了認知世界的方式，也就是面對這個世界的最大武器。

套盒裏的「瘡疤」

無獨有偶的是，水災這段經歷也為蕭軍所用，創作了小說〈燭心〉(1933)。對比兩篇作品可知：二人回憶的側重並不相同，也由此賦予了這段經歷全然不同的意義。

〈燭心〉選擇以二人宿命般相遇的三天兩晚為重心，這剛好發生在〈棄兒〉的故事時間之前，是蕭紅略去未講的部分。〈燭心〉從男主人公春星的視角出發，藉由第二人稱敍事，以大段直接引語詳細回憶了自己與女主人公畸娜相遇相戀的各種細節：如何聽到女主人公被困旅館的消息，見面後聊了哪些話題，如何陷入愛河，進展神速，又如何在縱情歡愉後唱起「春天到了」的情歌……這都是為今日讀者再熟悉不過的二蕭相遇的場面。

但有趣的是，前述為研究者頻頻徵引的諸種細節，其實出自一篇男主人公春星壓在箱子裏的積稿〈狂戀〉。換言之，這是一篇虛構中的「虛構」。青年作家春星鬻文為生，在新年來臨之際只能寫幾篇應徵的文章換些稿費，〈燭心〉就起筆在這位男主人公搜腸刮肚，只能在室內「硬寫」的深夜。春星嘗試了各種寫法與話題，又都被自己否決，無可奈何之時，在畸娜的啟發下，他想起了舊文〈狂戀〉。春星隨後「一字不易」地謄錄了這部作品的底稿，讀者因而在下文中讀到了〈狂戀〉的全篇。

〈燭心〉由此成為一篇具有高度形式感的作品，它疊印了兩重敘事：首先是以春星為主要人物視角的第三人稱全知敘事，情節是一位青年作家的枯坐硬寫與抄錄舊稿。然後是春星的舊作〈狂戀〉，它採用非常特殊的第二人稱敘事，內嵌大段二人的直接引語，事實上是一篇春星的回憶體獨白。小說的第二層敘事是被放置在春星謄抄舊稿的語境中再現的，文中所有與〈狂戀〉有關的部分都處在引號當中，有着清晰的文本區分標記。小說又不時插入對蠟燭燃燒狀態的描寫，以提示抄寫行為的在場。而伴隨着抄寫的深入，處在回憶狀態的春星逐漸陷入某種迷狂，「無量數的花球，在春星的眼前飛馳般的幻轉」，「他就那樣軟癱的暈倒」。兩層敘事之間的界線也逐漸模糊：比如我們並不清楚〈狂戀〉的最後一句話「『春天啊？我又賣掉了一個春天……』」的歸屬。雙重引號的存在看似區隔開了兩層敘事，這當然是舊稿〈狂戀〉的結語。可這句話與前文「『畸娜！我們就這樣結束了吧！』」在語義上並無承繼關係，反倒呈現出不得已鬻文為生，將隱私公諸於眾後的積鬱，因此又可能來源於春星謄抄時的添加。讀者甚至可以由此懷疑前文讀到的〈狂戀〉，到底哪些話是舊稿的謄錄，而哪些來源於春星迷狂時的新創。畢竟在〈狂戀〉的結尾，春星放棄救助了畸娜，畸娜也不想拖累一窮二白的春星，二人縱情聲樂，只矚目此刻的歡愉。春星甚至頗不合時宜地提起一個此前與自己曖昧的樓下的「慈悲的姑娘」。這顯然與迫於生計寫作而正在抄稿的春星，和陪在春星身邊熟睡的畸娜相衝突——〈狂戀〉此時盡顯其虛構性，甚至開始滑向對於敘事者春星的反諷。可這一反諷的指向卻是暗晦不明的，畢竟小說沒告訴我們這一虛構是在舊稿〈狂戀〉中便存在，還是來源於抄寫時的下意識改動。而小説的意義在讀者充分認識到人物春星身上所保留的蕭軍的自傳色彩後，便又更會進一步走向複雜。

〈燭心〉是中國早期新文學作品中一部難得具有元敍事特徵的作品。在充分拆解開〈燭心〉的敍事構造後，我們會意識到：這段以二蕭初遇為原型的故事在這部作品中經歷了三重轉寫：首先是舊稿〈狂戀〉，它在二人初遇後被寫下，隨後被壓在箱底，是一次不無遺憾又充滿甜蜜的私密回憶。然後是二度翻出謄錄的新稿〈狂戀〉，它變成了賣給報紙的商品，對記憶的溫故充滿痛苦，又包含着為迎合文壇趣味售賣私密記憶的無可奈何。最後是復現了向壁虛構全過程而呈現在讀者眼前的〈燭心〉。〈燭心〉才是真實世界裏蕭軍投向文壇的那件「商品」。〈燭心〉中的〈狂戀〉，混淆了個人記憶、情感衝突與文壇趣味，令人懷疑其真實。痛苦在多重書寫的映照裏扭曲變形，記憶本身不再可信，意義則向外部無限敞開。

為繁複敍事包裹的〈燭心〉帶給讀者無比豐富的解讀空間，複雜的敍事姿態是作者對這一事件複雜情感態度的文本顯影，但我們可能永遠無法解開此中的秘密：

> 「《狂戀》不可以嗎？」
>
> 「《狂戀》？那篇稿子在我覺到是不應該再發出了。因為這已是過去的了嗳！過去讓它們過去吧！何必再剔撥我們那過去的瘡疤？」
>
> 「為了吃飯的緣故，(親)愛的，我們甚麼虐待和痛楚全要忍受的啊！不是麼？寄出去吧！這在我們還有甚麼不可呢？」

女主人公畸娜頗為坦然地要春星將〈狂戀〉寄出，即使預感到可能存在的傷害。春星卻覺得不合適，認為發表舊文會「剔撥我們那過去的瘡疤」。如果像今人認為的那樣，將二蕭初遇看成是英雄救美的浪漫傳奇，我們要對「瘡疤」作出怎樣的解釋？是指向蕭紅枯坐旅館半年等待救援不堪回首的黑暗時刻，還是指向蕭軍在洪水時未能現身救助蕭紅的羞愧，還是蕭軍自己對曾有放棄救助蕭紅念頭的追悔？〈燭心〉

裏與春星曖昧的「慈悲的姑娘」，與蕭軍〈桃色的線〉中的女鄰居頗為象似，要是將這兩部「自傳性」作品關聯起來，讀者甚至可以追問：當蕭軍在撞見「樓梯間站着」的那個濕淋淋的蕭紅人時，心頭閃過的到底是如釋重負，還是尷尬驚訝？

以上揣測大都不負責任，因為敍事的層層包裹已經讓作為「故事」本身的「初遇」變得無從溯源，文本與文本之間的跳躍則更是凶險，[4] 尤其是以「自傳性」之名的臆想武斷。虛構作品的唯一真實性是虛構行為本身。即使拆開敍事的套盒，這個「瘡疤」也只能是留在二人之間的永恆秘密。而這個套盒本身（為甚麼只能寫成這樣），才隱藏着我們需要關注的全部信息。

寫作如何才是真實有力且有效的？敍事套盒在最高的意義上折射出蕭軍面對寫作的焦慮，敍事疊加在這裏傳達出的是將故事推向公眾前的遲疑。他在焦慮甚麼？〈燭心〉開篇男主人公春星在抄錄〈狂戀〉之

---

4 或可類比馬克思在《資本論》中創造性提出的「商品的驚險一躍」。

前寫廢的兩則片段或許提供了參考：

> 時代的巨輪，幾乎是放足了它的機力，在碾軋着退後和軟弱的人們，橫臥下來的骸骨；同時在這輾軋下，你還可以聽到，發出怎樣不同的呻吟和嘶叫的集合的轟鳴。這轟鳴只能使人悲慘，顫慄和憤怒……是不如人世聽到的溫柔的琴音，能使你沉醉得忘了自身以外的事情……
>
> 琪，擁着他的愛芬。由麗奴舞場走出來，那魔女般的琴音仍然在沉醉着他們那靈魂和肢體的內層。一直到進入了那溫暖的車廂，發動機哼動起來，喇叭發了一聲嘎叫時，他們才知已是夜在值臨了……

兩則隨筆都是相當有時代代表性的寫法。第一個片段帶有明顯的左翼傾向，鋪排了大段抽象語彙，高聲雄辯地向讀者傳達着對時代的總體見解。然而，言之鑿鑿的論斷固然正確卻也抽象，往往與個人的具體生活脱離關係。小説頗有意味地提及，就在春星搜腸刮肚寫作這段文字的時候，他剛好聽到了「對樓的琴音」。可「溫柔的琴音」並沒有令人「沉醉得忘了自身以外的事情」，他只感到反感。這一細節反諷地提示出空洞的左翼敍事有與個體生命經驗相脱節的危險。與第一個片段相對比，第二個片段則與個人體驗貼合無間，這段近乎通俗小説的文字直擊慾望感官，充分調動起讀者的生活體驗和閱讀期待。男女主人公間充滿肉感的狎昵，城市則幻化為這場戀愛的幕景，為戀愛的進一步發展提供各式條件。二蕭的初遇確實有傳奇色彩，卻全然不是英雄救美或是一夜激情。城市在二蕭故事裏並不是浪漫的背景，反而是最大的挑戰與阻礙來源。在這個意義上，把二蕭故事講成流行小説，雖然吸引讀者，卻同樣違背自身經歷的真實性。

左翼理論雖然高亢，卻缺乏與現實間具體有效的榫接口。通俗小説雖然能引起讀者的響應，卻是消費速朽的文字。兩則沒能續寫下去的片段其實構成了〈狂戀〉的參照。小説中春星將兩個片段扔進了廢紙簍，春星背後的作者蕭軍卻分享着兩種寫法留下來的焦慮。〈狂戀〉剛好擺盪在兩者之間，它一方面以高度還原的現場經驗拒絕着抽象敍事的空洞，一方面又以寫作行為的頑固在場解構着初遇故事的全部浪漫與傳奇。我們似乎能夠隱隱讀出作者在這擺盪背後的創作理想：一種從個人經驗出發的，忠誠於平民立場的，能抵抗都市消費性侵蝕的文學。〈狂戀〉未必滿意，卻是方向。處於不穩定狀態的〈狂戀〉可能永遠無法寫完，但恰好是這個空白（void），以否定的方式傳遞出蕭軍心中理想的文學圖景，也症候性地呈現青年蕭軍此時面對「滿洲國」初期文壇時的無所適從。

識者或能在蕭軍身上感受到與蕭紅相似的對記憶的忠誠，雖然二者的來源略有差異。在蕭紅那裏，〈棄兒〉的敍事者雖然孱弱，卻具有對於記憶毫無爭議的所有權。小説敍事者調動起全部的感官以重新體驗事件，明確傳遞出直視個人創傷記憶的決心。但對蕭軍來説，雖然一同作為這段記憶的所有者，他首先追求的似乎是作為見證者的真誠。彷彿只有經由無窮纏繞，故事的真實性才能獲得最為飽滿的捍衛。

事實上，這種元敍事的創作方法在蕭軍的創作序列中並不唯一。稍早時候寫成並曾引起蕭紅特別關注的〈孤雛〉（1932）也是性質類似的作品。在〈孤雛〉

裏，同樣的青年作家君綺在下樓尋找素材的過程中遇到了理想素材 —— 一對孤兒寡母，小說隨後呈現的是「素材」反過來入侵作家生活，讓他感到無力擔負的故事。寫作在這部作品裏同樣頑固在場，敘事在逐步推進的過程中暴露其曖昧的自反性質。

這種焦慮在青年作者只能依靠自己以及親密的人所提供的素材時，被進一步凸顯出來。蕭軍曾以蕭紅在中學時的經歷為背景，創作過一部中篇小說《涓涓》。他曾在前言中主動披露《涓涓》(1937)[5] 的寫作過程：

> 有時現從 H 的口中聽取一段故事，再加上一點自己的意思，這樣就成了，今天這樣寫了，明天怎樣寫呢？那是從來不想想及的。

H 就是蕭紅。對於初出茅廬的青年寫作者來

5 《涓涓》是哈爾濱時期的創作，曾在《國際協報》上連載，單行本是蕭軍到上海之後在 1937 年才找到出版機會。

説，自己與身邊人的經歷，當然構成了難得的文學素材，更何況是蕭紅這樣飽經磨難又充滿戲劇性的人生。與〈孤雛〉相比，〈燭心〉不只是作者「搜羅」來的素材，更源於作者自己與身邊人的切身經驗。這意味着〈燭心〉背後叩問的是私密記憶進入「滿洲國」文壇的方法。這裏同樣包含了蕭軍的「忠誠」，正好像他在《涓涓》前言講的那樣，「這本書沒有我自己在裏面，透過這書，卻縱橫地有我自己生活的腳跡在那裏真切地存在着」。

「學説」的意義

我們在〈棄兒〉與〈燭心〉裏似乎能捕捉到某種相似性。蕭紅與蕭軍無疑都是真誠的寫作者。他們當然希望作品能夠有效地抵達更廣的人群，但也要給自己與周遭人的經歷一種合理的解釋。寫作對蕭紅而言是「第一性」的存在。對於蕭軍來説，寫作雖然並不是那麼趁手的「武器」，未必不可以拋棄，卻同樣是需要審慎對待的事物。

認識到二人對於創作的忠誠，有助於我們更為深入地認識二人與左翼「學說」與實踐之間的關聯。無論立場與傾向如何，今天的讀者大概不會否認這一關聯。翻開二蕭早期創作，特定詞彙總是不斷出現：「工作[6]」、「窮人」、「勞工」、「同情」……他們會隱晦寫到各色革命者，甚至會出現「義勇軍」和「XX黨」的字眼，這當然指的是共產黨。可另一方面，承認左翼理論及實踐對蕭紅的影響，又似乎成了很多蕭紅的忠實讀者無法接受的事。他們不希望蕭紅沾染過多的黨派色彩，也不希望政治因素的帶入影響這個忠誠於個人經驗的作家的文學成就。所以有的讀者會認為，蕭紅早年相信左翼「學說」，伴隨着寫作進入成熟期慢慢轉向，作品中的左翼色彩也就愈來愈淡。有讀者則上溯更早，認為蕭紅作品之所以體現出左翼傾向，主要是因為依附於蕭軍的緣故。一旦有機會離開蕭軍，尤其是到了上海以後，蕭紅就展現出了她的「本來」面目，有機會享受她的創作「自由」。無論是哪種解釋，讀者們都有「從蕭軍中拯救蕭紅」的思維

6　二蕭口中的「工作」，往往特指革命工作。

傾向。

但沿着類似邏輯，我們似乎也可以問：蕭軍與左翼「學説」之間就是嚴格的綁定關係嗎？那我們又該如何理解前文提到的〈燭心〉對空洞左翼敍事的保留呢？在小說〈燭心〉裏，當春星寫不出稿子時，他「為的要暫時制壓下這狂亂的情緒，便順手由那一叢亂雜聳立的冊子中間，盲目的抽出一本來」。讀者隨後可以獲知這是一本馬克思主義著作。但小説緊接着就寫道，「這冊子實際並不能給春星甚麼大力，春星他內心仍是如有甚麼東西在狂亂的打着交流⋯⋯」這恰恰説明春星心中的困惑包含了非常多「學説」之外的「冗餘」，很難被完全整合到一套左翼語法當中。

舉蕭軍的例子並不是否認二者之間的關聯，而是意在表達這樣的提問方式本身就包含了答案。討論作家立場常常變得不可論真也無法證偽，因為究其根本，人的立場與思想始終是無法探秘的「黑箱」。所以，即使研究者能夠舉出種種外部材料證明，——從組織與人事關係角度看，這群哈爾濱的青年作家們與中共滿洲省委的幹部關係十分密切，[7] 從閱讀資源上看，他們閱讀《資本論》，[8] 閱讀綏拉菲摩維支、高爾基等蘇俄作家與辛克萊等進步作家的作品，也閱讀蔣光赤等經典的中國左翼文學。而這群人最主要的發表園地《國際協報》副刊的報頭，上面定期更換的就是普列漢諾夫、托爾斯泰、郭沫若等人的格言，[9]——反對者仍然可以堅持認為蕭紅的「底色」是與革命相「疏離」的「自由主義」作家。

反思這一問題的本質，是我們把理論學說與作家創作之間的關係想得太過僵化。其實重要的並不在於蕭紅是／不是一個左翼作家／自由主義作家，也不在

7 舒群是共產國際的聯絡員，羅烽的身份是中共滿洲省委的宣傳幹部，二蕭的朋友北楊（金伯楊）投了磐石人民革命軍，方未艾曾編中共滿洲省委的地下刊物《滿洲紅旗》，發表過趙一曼、楊靖宇的詩。

8 白朗曾記述，「由於這本《血痕》，忽然使我記起了書架上博正在讀着的那本珍貴的《資本論》來，那是軍走時留下的」，「博」指羅烽，「軍」指蕭軍。白朗：〈一切全混亂了！〉，《解放日報》04 版，1942 年 5 月 8 日。

9 試舉一例：1934 年 4 月 27 日，《國際協報》副刊《國際公園》報頭為：藝術只表現着人們的感情是不正確的，它表現人們的感情，也表現着思想，但它不是抽象的，而是藉着活生生的形象而表現。（普力列漢諾夫）

於蕭紅主觀上是否樂意接受並使用左翼理論與觀念，那只是標籤而已。我們首先需要承認：在客觀的文本面貌上，左翼的「學説」與詞彙已經編織進作品並被用來解釋各類事件與經驗。所以這裏真正要討論的是：二蕭對於個人生存經驗的反思與這套左翼理論構建的意義圖式之間的接榫口在哪裏？他們為甚麼以及在何種意義上使用了「學説」？概言之，我們能否將「學説」和作家之間的關係想像得更為靈活？思想不存在禁區，作家以形象語言發言，「學説」不必「綁架」作家，作家也不必然為「學説」覆蓋籠罩，二者的關係更應該視作「榫接」關係。一旦讀者不再由特定的「學説」出發框定作家「立場」，而是顛倒過來，由創作出發衡量「學説」價值，我們反而會認識到理論的真正意義：不論應用得深淺合宜與否，特定的「學説」都是幫助作者推進思考的腳手架。

蕭紅曾在作品中討論過相關話題。本節頻繁使用的「學説」一詞，其實在她的作品中就可以找到出處。蕭紅有一部寫伯父的作品，標題叫作〈鍍金的學説〉（1934）。伯父本與自己交好，既在自己弟弟面前回護姪女，又支持姪女上學，卻偏偏在包辦婚姻問題上堅持到固執。小說由是寫道：

> 我與伯伯的學說漸漸懸殊，因此感情也漸漸惡劣，我想甚麼給感情分開的呢？我需要戀愛，伯父也需要戀愛。伯父見着他年輕時候的情人痛苦，假若是我也是一樣。那麼他與我有甚麼不同呢？不過伯伯相信的是鍍金的學說。

伯父與「我」在情感上愈走愈遠，即使他自己正為包辦婚姻痛苦，在「我」的事情上仍沒有半點迴環餘地。「我」由此意識到「學說」的重要性：情感當然可以互通，「學說」卻可以阻斷情感，情感並不是在任何場合都可以通約的抽象事物。蕭紅在這裏使用的「學說」一詞，如果換成今人更好理解的術語來解釋，其實是意識形態（ideology）的便宜說法。

而這部作品更有趣的是，「我」之所以認識到二人「學說」懸殊，其實是起源於兩人對「小說」的微妙分歧。放假回家的「我」拿着一本「花面的小書」在讀，伯父詢問是甚麼書，「我」回答是「小說」。

小說隨後寫道：

> 我不知道他的話是從甚麼地方說起：「言情小說，《西廂》是妙絕，《紅樓夢》也好。」

作者有意強調是「花面小書」，不是布面精裝的線裝舊書，當然暗指自己閱讀的是新文學。伯父卻對「小說」抱持了傳統文人的理解，將「小說」重新拉回了消閒的軌道。止是二者對「小說」理解上的微妙錯位，成了「我」意識到二人價值取向不同的起點。換言之，作者的視野裏的「文學」，也是與「學說」有關的，小說雖然看似只是在講一段私人經歷，對伯父的分析卻是在左翼理論的指導下有條不紊地展開，左翼視野成為詮釋自我經驗的有效路徑。

「學說」與「情感」關係這條線索的拈出，對於我們深入理解二蕭創作有相當重要的意義。事實上，這也正是〈棄兒〉與〈燭心〉的核心主題。兩部作品中的「愛情」，或者說廣義而言的感情，都是有「條件」的。小說〈棄兒〉有意懸置了兩人三天兩夜的定情經歷，而起筆在一個女人獨自面對現實的時刻。小說更是對自己與男主人公之間結合的背景十分坦誠：

> 實在無處可去，左右的街巷也被水淹沒了，他們兩顆相愛的心也像有水在追趕着似的。一天比一天接近感到擁擠了。……這不是想，只是需要。
>
> 一天跟着一天尋找，可是左右布的密陣也一天天的高，一天天的厚，兩顆不得散步的心，只得在他們兩個相合的手掌中狂跳着。
>
> 這是兩個雛鴿，兩個被折了巢窠的雛鴿。只有這兩個鴿子才會互相了解，真的幫助，因為飢寒迫在他們身上是同樣的份量。

作者在這裏明確突出的是愛情結合的「條件」，換言之，兩人的結合與其說是命中注定，不如說是外部環境的擠壓。少了「密陣」，兩隻「相合的手掌」

也無法體會到彼此的珍貴。而這種愛情也沒有避諱慾望的維度，「需要」在小說中始終是一個關鍵詞。愛情不是純愛的烏托邦，是饑寒下的結合，是情慾的吸引，這種愛情並不「純淨」，甚至為人調笑指摘，卻帶有飽滿的生命力量。

相較於〈棄兒〉，〈燭心〉則是以敍事套盒的方式懸置了讀者對於「愛情」的理解。如果說二蕭初遇的故事具有被「傳奇」甚至獵奇化的潛力，〈燭心〉則利用多重敍事捲入了更多複雜的維度：一見傾心的浪漫，激情的歡愉，並置着面對責任的退縮和救人的膽怯，故事中等待拯救的畸娜，與睡在春星身旁的畸娜，疊印着讀罷〈狂戀〉故事發出「微弱的一聲嘆息」的畸娜。多重反諷中的愛情記憶，呈現了愛情更為豐富的面向。相比於青年人將愛情理解為激情，愛情也常常意味着經濟的拖累，意味着傷害，意味着鬥爭時的陪伴與諒解。經由多重敍事，「過去的瘡疤」被層層包裹，指向的是愛情的不可消費性。

二蕭對情感的態度，其實可以用《跋涉》〈書後〉中的兩句話總結概括：

1. 一切以經濟作基底的現社會，僅憑感情上結合的友誼是不可靠的。

2. 惟有你同一階段的人們，才能真的援助和同情你。

這是再清晰不過的左翼敍事，甚至可以說，二蕭其實是將愛情故事轉寫成了「階級」意義上的故事，因而對自身經驗形成了全新的認識，也由此獲得重塑記憶的信心。

循此看去，蕭紅的很多作品都帶有這一特點。比如：小說〈廣告副手〉非常有意味地將畫廣告的三人小作坊轉寫成了「工廠」，將主人公芹描述為「畫廣告的女工」。而到了小說〈王阿嫂的死〉裏，本是在鄉下晨起給地主做活的王阿嫂們，變成了「太陽在東邊放射着勞工的眼睛」，故事裏的張地主要「調着他那有尺寸的階級的步調」，用「壓迫的口腔」說話。識者或能輕易辨識出：蕭紅創作中的很多原型經驗其實與經典階級理論之間存在很大的距離，但合適與否恰恰不是這裏的重點。理論雖然生澀，卻自有與個人情感體驗呼應共鳴的所在。不論他們的愛情是否適宜看成是某種「階級」意義上的「結合」，這段生命體驗教給他們的正是純愛烏托邦的瓦解。「純愛」的實現需要「條件」，而他們早早認識到自己不是這座城市的主角。與其說蕭紅在濫用術語曲解現實，不如說「階級」這一所指在三則作品裏構成了讓「痛苦」可見的語詞中介，雖然這三份痛苦有着頗為不同的來源。在這個意義上，我們或許可以說：蕭紅終於尋找到了一種理解世界的「語言」，而每個冰冷詞彙背後，都有着豐沛的經驗在做出註解。

> 過去的十年我是和父親打鬥着生活。在這期間我覺得人是殘酷的東西。父親對我是沒有好面孔的，對於僕人也是沒有好面孔的，他對於祖父也是沒有好面孔的。
>
> 因為僕人是窮人，祖父是老了，我是個小孩子，所以我們這些完全沒有保障的人就落到他的手裏。後來我看到新娶來的母親也落到他的手裏……母親也不是窮人，也不是老人，也不是孩子，怎麼也怕起父親來呢？……我懂得的盡是些偏僻的

> 人生，我想世間死了祖父，就沒有再同情我的人了，世間死了祖父，剩下的盡是些凶殘的人。……以後我必須不要家，到廣大的人群中去，但我在玫瑰樹下顫慄了，人群中沒有我的祖父。所以我哭着，整個祖父死的時候我哭着。

〈祖父死了的時候〉（1935）是蕭紅第一次對原生家庭帶來的創傷經驗做出總結和反思。這一回憶在此後數年一直持續，從〈家族以外的人〉、〈永恆的憧憬和追求〉到〈後花園〉、〈小城三月〉以及集大成之作《呼蘭河傳》，直到她生命的盡頭。應該說，〈祖父死了的時候〉已經初步奠定了蕭紅對於家庭關係的總體判斷，此後只是在分寸上不斷調整。〈祖父死了的時候〉當然是一則清晰的左翼敍事：老人、窮人和女人，被一同放在作為「主人」的父親的對立面，人生的殘酷也因之被歸因為經濟地位與權力關係。到了上海階段，蕭紅的寫法變得更加內蘊。在小說〈家族以外的人〉裏，家族的叛逆者「花姊」和家族收留的「外人」有二伯是兩種意義上的「外人」，他們是以「家族」之名與其他人劃開的。階級敍事在這部作品裏不再鮮明，立場卻得到了保留。而到了香港時期的《呼蘭河傳》，「我」對有二伯的情感態度更加複雜，卻仍然保留了父親對有二伯的拳打腳踢，十數年後，「我」甚至還能記得有二伯在院心「躺了許多時候，很久才有兩個鴨子來啄食撒在有二伯身邊的那些血」，「那兩個鴨子，一個是花脖，一個是綠頭頂」。

經過十年的「記憶的淘洗」，[10] 左翼詞彙在後續寫作中緩慢退場。寫作者在走向成熟，她開始有能力拆除理論的腳手架，而向讀者展露出她自身認識世界的獨特方式。可某種一貫性也在這一過程中得以保留。在這個意義上，蕭紅的轉變是循階而上，有輕重分寸的改變，早年間的思想底色卻始終清晰可辨。究其根本，蕭紅與學説之間從一開始便是相互選擇。

或許可以説，蕭紅對於左翼「學説」的使用疊合了自身對生命經驗認識的深入，二者互為因果，水乳

---

10 黃心村教授在《緣起香港》中令人讚服地利用《異鄉記》中的比喻，將張愛玲的寫作方式詮釋為「開包袱」。本文則將蕭紅重寫記憶的方式比喻為「淘洗」記憶。本文對蕭紅「淘洗」記憶的詮釋受惠於是著。

交融。與「無產階級」、「群眾」等概念相比，她更愛用的概念是「窮人」和「人群」。正好像在《跋涉》〈書後〉，兩人選用的是「同一階段」而不是「同一階級」。「階段」當然指向經濟條件，即階級；可也同樣指向生命經驗，即經歷與處境。所以在蕭紅的作品裏，愛情並沒有因為階級分析而徹底坍縮為某種抽象，〈棄兒〉也沒有因為對左翼「學說」的服膺而放棄對生育痛苦的呈現。站在左翼「學說」的一端，讀者或可說這是蕭紅因為對左翼論述的理解不夠深入，致使她「錯誤」地應用了階級理論。如果站在作家的立場，反倒是蕭紅作品中豐沛的情感維度大大豐富了左翼文學的階級論述。蕭紅正是在這些地方展現出自己超越一般左翼作家之處。

在〈祖父死了的時候〉的結尾，當敍事者「我」利用階級學說，完成了對家庭的分析剖判以後，她得出了「不要家，到廣大的人群中去」的結論，這像極了一則左翼新人敍事。但小說緊接着就寫道：「但我在玫瑰樹下顫慄了，人群中沒有我的祖父。所以我哭着，整個祖父死的時候我哭着。」這裏的「哭」是非常有力量的筆觸，一下子激活了前文略顯武斷、乾癟的階級分析。正因為蕭紅在理性上認識到要走向「廣大的人群」，她源自本能的「哭泣」才尤顯珍貴。她坦率地曝露出這樣一個柔弱的主體，也就同時在無意中叩問：在這個龐大的國際共產主義運動裏，這個玫瑰樹下哭泣的「弱」主體應該如何存在？她的聲音是值得被聽到的嗎？有「情緒」的主體還是「新人」嗎？如果說國際共產主義運動是以階級之名，讓「弱者」團結起來拿回屬於他（她）們的一切，如果說所有的左翼「學說」都在以「無產階級」之名培育「弱者」的「階級」意識，促其聯合與團結，那麼這一「哭」，也就將作為群體的「無產階級」再一次還原為「弱者」：這種團結方式能夠容納窮人、老人和女人嗎？能夠容納前半生的習慣、情緒與記憶嗎？若干年後，如果祖父被判定成了「地主」，蕭紅需要收回她在玫瑰樹下掉落的眼淚嗎？

蕭紅在這裏表達的是「我不知道」。這種猶豫源於本能，源於蕭紅對自身情感與經驗的忠誠。在蕭紅這裏，通往革命之路並非高歌猛進，常常是山窮水盡，無能為力，但她懷着那份「顫慄」一輩子堅持了「不要家，到廣大的人群中去」的諾言。蕭紅在「學說」與「情感」之間抱持着等距的忠誠。

生存在「人林」

可以說，二蕭左翼敘事的「非典型性」，也許正是他們作品的價值所在。正是這些「逾越」常規左翼敘事框架的部分，體現出作者與自身經驗之間的鏖戰與角力，也更為深入地激發了理論的侷限與價值。換言之，二蕭作品的「非典型性」，其實源於作者獨特的生命經驗。這就需要我們對二蕭與哈爾濱這座城市之間的關係做出更為深入的探討。

蕭軍《涓涓》中曾有一節題作〈哈爾濱〉，曾集中表達了作者對於這座城市的看法：

> 哈爾濱的夜展開了。一切罪惡的旋律和交響，也開始加速地吹奏了；罪惡的葡萄酒在開始香甜着每個享受者的嘴。麻痺着每顆失了彈力的靈魂……肉在顫動……人們在開始浪費着他們剝奪來的血和汗，並且計算着明天應該添加的剝削的

> 數目。……都市，一頭貪婪的巨獸似的，無疲倦地永久在吞吃着投向它的嘴裏來的人和物，排泄着黑色的毒霧，和被吸食過的人們的白骨……

蕭軍特別使用了大量與消化有關的修辭，將城市比喻成一個吞吐血汗、勞動，甚至生命的龐大消化系統。城市的消費面向在這裏被尤其凸顯，因其「貪婪」而與罪惡相關聯。對中國現代文學熟悉的讀者應該會從上述文字中讀到一絲「新感覺派」的味道。經由這一常見的修辭方式，蕭軍得以佔據視覺高點，似乎對整座城市形成了一種相對綜合的把握。

但這一視點事實上相當虛幻，因為蕭軍在現實生活中並不存在這樣一個位置。翻檢二蕭作品，他們更習慣地觀察城市的角度是穿梭其間，馬路也由是成為一個具有特殊意義的敍事空間。〈棄兒〉中曾提到，二蕭因為寄宿在朋友家，又沒有固定工作，為了不給朋友添麻煩，只好白天到外面去閒逛，深夜回來留宿，馬路成了一文不名的青年們免費的棲身之所。這說明馬路是這座城市早早為二蕭框定好的生存空間。

〈廣告副手〉裏「同看電影的小姐少爺們從同一個門口擠出來」的女主人公芹，只要邁出「暢快的步子」，就「誰也不知道她是給看電影的人畫廣告的女工」。相似時刻，馬路又成了他們最好的掩體，充滿混淆與誤認，讓人時時生出擁有這座城市的錯覺。但這條馬路事實上並不屬於她們。蕭紅的〈清晨的馬路上〉(1933)就特別寫到：伴隨清晨濃霧，賣煙童、叫花子和殘疾人紛紛走上大街謀生。[11] 而隨着「一輛汽車飛過來」，屬於「弱者」的「勞動」的空間就霎時被打破了。汽車在這裏具有侵犯性，重新確認了城市的歸屬。

二蕭們是波特萊爾(Baudelaire)意義上真正的都市「遊手好閒者」。他們一無所有，在城市裏穿梭遊蕩，卻總是「經過」，沒有一寸空間真正屬於他們。小說〈棄兒〉曾流露過類似情緒。當女主人公芹坐上馬車去醫院生產時，她「像鬼一個樣，在馬車上囚着，經過公園，經過公園的馬戲場，走黑暗的

---

11 作者以「蕭紅式」的語言感慨：「小孩子的聲音脆得和玻璃似的，涼水似的浸透着睡在街頭上的人間，在清晨活着的馬路，就像已死去好久了。」

途徑」。而在返程時，她「又經過公園，又經過馬戲場……」這「一來一回」裏的四個「經過」，巧妙地呈現出一種微妙的「在而不屬於」。

最令遊手好閒者同時感到希望與失望的空間是「公園」。這恐怕是都市裏最適宜「薄海民」（Bohamain）們的空間了。小說〈孤雛〉裏，公園東北角的亭子是春星冬天常去練功的所在。就算再沒錢，春星也還有「到公園裏寫些詩的權利」。而在〈棄兒〉中，公園裏的亭子又成了男女主人公的定情地。[12] 雖然洪災後的公園難有「風景」可言，蚊蟲更是肆虐，要走到亭子那邊去，得「衝穿蚊蟲的陣，衝穿大樹的林，經過兩道橋梁」。

〈孤雛〉和〈棄兒〉裏的公園亭子是真實存在的，就是道裏公園（即今日兆麟公園）的涼亭。今日留存的二蕭影像裏，還有那張二蕭以道裏公園的跨虹橋為背景的那張合影。照片中的蕭軍髮型中分，右手執帽，垂在大衣旁。一旁的蕭紅大衣敞懷，左手插兜，

---

12 蕭紅寫得頗有詩意：「他們相依着，他們在亭子裏坐下，影子相依在欄桿上。」

蕭紅與蕭軍在道裏公園
（圖片來源：魏時煜教授《跋涉者蕭紅》紀錄片）

從後面摟過蕭軍，充滿個性。若不是對二人此時的情況有所了解，誰也不清楚他們當時是吃了上頓沒下頓，被逼到了公園裏遊蕩。

公園以乾淨整潔的面貌滿足了遊蕩青年對城市的想像性佔有，反過來，衣着時興的年輕「薄海民」憑藉外表混入公園，也能在離「四個俄國女人和一個可愛的金髮的孩子」的不遠處苦吟自己的詩歌（蕭軍：〈孤雛〉）。蕭軍的作品〈瘋人〉（1933）特別描寫到公園與「薄海民」之間這種微妙的關係，他特意將主人公送上了公園裏的假山：

> 登上假山的茅草亭，你的視野是更要展大一些了。你可以看到幾處禮拜堂鐘樓上面的十字架，在太陽下面是閃射着怎樣金色的光。塔一般聳立着的煙囪隨着噴出的濃煙，如果你是肯細心的觀摩一下，在那團團濃郁妖氣般的糾結裏，不斷的幻化裏，你是可以看到一些肢體不全的人形，魔妖般的人形，在被由每處飄來的風，毀滅着，掃蕩着……隱約的你還可以聽到，

> 那機輪轉軋的呻吟和太息！巴黎飯店的樓頂，和日本小學校的樓頂，在二千米達，不甚遙遠的距離間，對峙着。所不同的是那日本小學校的樓頂，有着一面日本旗在高揭而飄揚。

俄式禮拜堂、巴黎飯店、日本小學校……一旦登臨假山，彷彿整座城市的秘密都在你眼前敞開。觸目可及的風景，心曠神怡的春天，「甚麼瘋人，甚麼瘋人眼睛裏的血色的光，灰色的光……開始是被這春意的交流，所消浪、所消融」。主人公完全忘記了公園外那些不准入內的「瘋人」的存在，「只是後悔不曾同得我的愛人，來巡禮這春意布遍了的園林」。可一旦走出公園的門，「好容易才忘掉的那些東西」就又開始閃動了。擁有的幻覺在走出公園的那一刻霎時消失，飢餓伴隨恐懼開始佔滿「我」的內心：「我」難道不是與那些被攔在公園門外的「瘋人」們一樣一無所有嗎？拋開幻覺後，我與瘋人相距幾希。

都市之於左翼青年的複雜之處是：他們一方面能穿越各個階層，佔據各類空間，看到組成哈爾濱的

「不同的世界」，可他們自己也早早被捲入都市中，[13] 他們觀察城市的視野與進入城市的路徑都已為這座城市所框定，因此無往不在「無物之陣」，正像〈哈爾濱〉裏所說的那樣，「這每一個真實而連貫的現象，出現瑩妮的眼前，卻全似蒙着一層夢幻的意味和她隔離」。

哈爾濱是一座在 20 世紀初期才在遠東拔地而起的年輕都會，其主體部分直到 1920 年代末才修建完成，二蕭事實上是和哈爾濱一同「長大」的。這是座火車拉來的城市。站在南崗上，中東鐵路如一道銀線划過，城市以道裏道外劃分成為截然不同的世界。但倘若細究這座城市的肌理，又彷彿包含了萬千小道，無不在訴說着它們各自的秘密。複雜的人群在這裏碰撞相遇，漢族移民、日人、韓人、紅俄與白俄，哪怕在白俄移民群體內部，還有猶太人、高加索人和吉卜賽人的分野，哈爾濱的俄僑群體，「像鹽一樣，溶解進了這座城市的每一個角落，並且真正改變了這座城

13 失業本身也可以說是一種以「排斥」形態進行的組織方式。

市直到最底層的味道」。[14] 城市不只是被鐵道劃開的二維平面，而是可滲透穿越的立體空間。

對於二蕭來說，他們其實生長在一個非典型的階級衝突語境當中。在哈爾濱這座國際大都市裏，二蕭筆下一幅幅「沉痛的悲壯的受壓迫的人物映畫」似乎總是找不到正確的「階級敵人」，因而往往流為某種革命的「本質直觀」——發現痛苦就等於走向革命，而「現代的一切事情惟有蠻橫」——所以總是將壓迫歸結到都市本身。這是因為都市是他們能夠用來命名痛苦的唯一標靶：都市讓二蕭相遇，也讓他們相愛；給他們出路，也隨時為他們創造絕境。都市是所有個體苦難的淵藪與標靶，也是左翼「學說」的試煉場與失語所。都市充滿混淆，也帶來誤認。

因此一件有趣的事情是二蕭筆下的都市貧民形象往往具有相似的特徵。無論是〈瘋人〉裏的瘋人，還是〈啞老人〉（1933）裏困在屋子裏被火燒死的老者，還是〈清晨的馬路上〉（1933）被汽車嚇倒的「多

14　李昌懋：〈從「認異」到「認同」：蕭紅對哈爾濱「俄羅斯元素」的書寫〉，《理論界》，2023 年 3 期。

腿人」，[15] 都是缺乏行動力的人。左翼文學對無產者的再現方式有很多種，行動力卻是很少被作家觸及的角度。枯坐在賓館的「芹」和遊蕩在公園和馬路上的「芹」，本質上也是缺乏行動力的人，幫助二蕭發現這一點的是左翼「學説」，更重疊着他們自己的都市經驗。毋寧説，此時的都市經驗反過來成為他們認知世界，甚至是理解「學説」的裝置。二蕭筆下的都市無產者形象在一眾左翼文學中也由此呈現出某種「非典型性」。

所以對於二蕭而言，即使戴上左翼「學説」的濾鏡，也不存在一種俯瞰哈爾濱的方法。他們穿梭其間，在他人身上認識世界，也發現自己。借用蕭紅「棄兒」裏的話，城市是「人林」。既然是「林」，當然只能是穿梭其間。

「人林」一詞精彩概括出哈爾濱左翼青年群體對他們置身這座城市的複雜情感：依賴、恐懼，又並非不可克服。城市的魅力在於，它似乎總有路。因為總有陌生人。有人就會有路。但人也構成了可怖的「人

15　以手代足輔助行走的殘疾人，在作品裏被蕭紅稱作「多腿人」。

林」。要找尋生路，就只能進入「人林」。

在〈棄兒〉的結尾，女主人公走出醫院，「沒有小孩也沒有汽車，只有眼前的一條大街」，她似乎茫然無措，眼前一片荒蕪。有趣的是，敍事者接下來動用了農業的修辭，——「就像一片荒田要她開拔一樣。」——彷彿只有將都市轉化為鄉村，才能化解都市帶來的緊張。而一旦將荒蕪轉化為「荒田」，主人公旋即獲得前進的力量。她由是堅定，以男友為前導的「助手」，「一雙剛強的影子，又開始向人林裏去邁進。」要穿越都市的林海，靠一份「理論」的地圖是遠遠不夠的，還要有對經驗的忠誠、纏鬥的決心，以及頑強的生命力。

草垛旁的「瘋」女人

除了描寫都市平民生活的作品以外，二蕭在哈爾濱時期還留下了不少農村題材的作品。這些早期的創作積累在他們後來的文學道路上扮演了相當重要的角色：二人流亡關內後的成名作《八月的鄉村》和《生死場》，都是表現東北農村的長篇創作。追溯兩部作品的由來，就不得不談及這批農村題材作品。

今日研究者大都用「現實主義」概括《生死場》的風格，有研究者甚至詳細考據蕭紅生平，推斷出《生死場》裏那個靠近哈爾濱的小村莊，應該就是阿城福昌號屯，這是張家老家，蕭紅逃婚被抓，曾在此處禁足有半年時間，[16]是蕭紅唯一可能的農村經驗來源。蕭紅對農村的描寫當然有所本，《生死場》卻未必是「現實主義」的典型作品，研究者們的探源索隱，其實暗含了「倒果為因」的邏輯謬誤。

如果拋開這一預設，正像我們可以在那些缺乏行動力的都市貧民身上辨識出缺乏行動力的二蕭一樣，我們也會在這些農村題材創作中辨認出二蕭的身影。都市經驗同樣形塑了他們理解鄉村的角度和方法。

〈王阿嫂的死〉（1933）是蕭紅關於農村的第一部作品，這部作品的開篇就很有蕭紅的特色：

---

16 張抗：〈蕭紅家庭情況及出走前後〉，《東北現代文學史料》，1982 年 5 期。張抗寫得相當生動，據説蕭紅是在姑姑和小嬸的幫助下，「穿着一件蘭士林布大衫，空着手坐着拉白菜的馬車離開了家」。

> 草葉和菜葉都蒙蓋上灰白色的霜，山上黃了葉子的樹，在等候太陽。太陽出來了，又走進朝霞去。野甸上的花花草草，在飄送着秋天零落凄迷的香氣。
>
> 氣像雲煙一樣蒙蔽了野花、小河、草屋，蒙蔽了一切聲息，蒙蔽了遠近的山崗。
>
> 王阿嫂拉着小環，每天在太陽將出來的時候，到前村廣場上給地主們流着汗；小環雖是七歲，她也學着給地主們流着小孩子的汗。

顏色、氣味與聽覺，豐沛的感官體驗幫讀者捕捉了一幅初秋清晨的鄉村美景。可隨着故事主人公出場，讀者開始意識到，這美景並不是畫面中人的：此時的王阿嫂正「拉着小環」幹活兒，她不可能作為視線的發出者。可也因為她要「每天在太陽將出來的時候」勞動，讀者們才能看到這幅秋景。敍事者幾處似有若無的閒筆，把陪她一起看向美景的讀者擺到了道德尷尬的位置。敍事者卻表現得毫無負擔，她愉快地繼續看向王阿嫂和其他村婦的「活計」，看着她們「用麻繩把茄子穿成長串長串的」,「第二天早晨,茄子就和紫色成串的鈴鐺一樣,掛滿了王阿嫂家的前檐;就連用柳條編成的短牆上也掛滿着紫色的鈴鐺。別的村婦也和王阿嫂一樣,檐前盡是茄子」。柳條編成的短牆上掛滿了紫鈴鐺,可紫鈴鐺背後的那雙手也被蚊蟲叮得「紅腫」了,扔在屋子裏的孩子們沒人照顧,「喊媽媽吵斷了喉嚨」。蕭紅這裏看上去在寫「茄子掛滿了」,其實寫的是人的活計做完了。表面上是在寫物,背後則聚焦在人的勞作。重複茄子像紫色的鈴鐺這個比喻,是在凸顯茄子作為生物和作為收穫的美好;重複寫掛滿了「柳條編成的短牆」和「別的村婦的前檐」,則意在刻畫茄子作為勞動產品所凝結的剝削。「就連……也」、「盡是」這樣的副詞進一步佐助了這種情感色彩的表達。所以我們甚至能讀出敍事者的好奇:為甚麼每日清晨即起,不停勞作,但對就在家門口的茄子,竟然一年到頭吃不到,「一片乾菜也不曾進過王阿嫂的嘴」呢?這提問當然指向着壓迫與剝削,卻精巧地藏在了美好的風物後面。蕭紅始終沿着經濟剝削關係在寫,但正如句法的平行關係所展現的,對鄉村剝削關係的揭示也不妨礙她看到收穫的美好，生物的自然美與人類關係的不平等這兩層含義也成了平行關係，或者至少，前者是不能被忽略的面向。[17] 這二者在蕭紅的敍述裏反覆交織，彷彿形成了一種「富於靈氣的稚拙」，書寫故事之餘，也增添了一層綿延於全篇的「情調」[18]。

這個獨特的敍事腔調將王阿嫂的身體與情感體驗完美地再現在讀者眼前，以至於讀者們甚至忘了這個故事本身是多麼像一則奇聞。王阿嫂一家都為張地主做工，王大哥是地主家的長工，王阿嫂給地主打短工，孕中還在田裏工作，王阿嫂的女兒小環從地主家領養來，也在幫助母親幹活兒。王大哥因為被地主苛扣工錢，心情鬱悶無處發洩，只能喝悶酒澆愁，在村子裏吵鬧。沒想到吵鬧擾了村子的「安寧」，地主竟然趁張大哥酒醉，把他活活燒死在草垛裏。王阿嫂因為喪夫之痛，整日悲傷，幹活兒時因為不專心被地主

17 可以説，〈王阿嫂的死〉當中的敍事者，也就是〈棄兒〉裏的敍事者。這是一個間離於王阿嫂的角色，卻又能無負擔地隨時轉入人物內心。既能提出尖刻的問題，又留戀於場景中的細節與體驗。「兒童視角」或許是用來描述這一倫理立場的最佳説法。

18 趙園：《論小説十家》，浙江：浙江文藝出版社，1987 年，第 215 頁。

踢了一腳，最後竟難產而死。而在母親撒手人寰後，小環再次失了家庭，只能漂泊。單就故事來說，小說集合了太多情節要素，令人不自覺懷疑故事本身的真實性。而故事裏的慘劇，與其說是階級衝突，不如歸咎於張地主的暴虐性格。

這部作品真正的成功之處在於情感維度的融入。作者誠然關心階級間的壓迫，但更重要的是塑造出王大哥和王阿嫂之間「瘋」的傳遞關係：

> 王大哥氣憤之極，整天醉酒，夜裏不回家，睡在人家的草堆。後來他簡直是瘋了！看着小孩也打，狗也打，並且在田莊上亂跑，亂罵。張地主趁他睡在草堆的時候，遣人偷着把草堆點着了！

王大哥因此被村莊裏的人指為「瘋子」——「死了倒好，不然我們的孩子要被這個瘋子打死呢！」而當王阿嫂得知王大哥慘死的消息後，小說着意刻畫的又是王阿嫂的「瘋狂」：

> 她把骨頭又搶着瘋狂的包在衣襟下，她不知道這骨頭沒靈魂，也沒有肉體，一切她都不能辨明。她在王大哥死屍被燒的氣味裏打滾，她向不可解脫的悲痛裏用盡了她的全力的攢呵！

王阿嫂的每個動作都極盡誇張，接近情緒的極點。小說隨後借女兒的話點出：「媽媽，你不要哭瘋了啊！爸爸不是因為瘋才被人燒死的嗎？」「瘋」又成了關鍵詞，並在這裏完成了傳遞。

甚麼是「瘋」？對於王大哥和王阿嫂來説，「瘋」是情緒的宣洩，是受到壓迫後的身體和心理表達。可以説，「瘋」是封鎖在身體內部的最低程度上的「弱者的反抗」。然而對張地主和村民來説，「瘋」意味着秩序的破壞。「瘋子」是被排斥出共同體之外的，是共同體的威脅。將張大哥指認為「瘋子」，是村民們袖手旁觀，安心將王大哥的慘死和王阿嫂的哭喪當作熱鬧來旁觀的根本原因。

所以〈王阿嫂的死〉仍在寫一個「壓迫」的故事，不過這壓迫卻首先是情感意義上的。張大哥被剋扣工錢當然是經濟壓迫，可對他的慘死來說，這不過是起點而已。剋扣工錢既違背市場交易準則，也違背鄉土倫理。張大哥因「理」生「氣」，卻缺乏說理的語言，因此只能壓抑為無形的情緒，以近乎自戕的方式宣洩了自己的不滿。這種不滿最終被指認為「瘋」。連消極的情緒反抗都被遏制，說明此時的人物不但被逼到現實層面的絕境，也被逼到心理意義的絕境。人物此時受到的壓迫無限大，因為這是一種連「瘋」都不被允許的壓迫，是對心理與精神空間的佔有。這裏帶着超越經濟維度的「階級」敍事的洞見與深刻。

而這一切在王阿嫂身上重演，說明雖然村人懵然未覺，但「瘋」的境遇隨時會傳導給共同體的每一個人。從這個角度說，「瘋」的威脅恰恰構成了遠超經濟關係的深刻連結，作者在〈王阿嫂的死〉中還沒暢想這種連結的力量，可到了《生死場》中，這種情感意義上的深刻連結構成了推動鄉村變革，「年盤轉動」的革命性力量。

蕭紅所以能洞察王阿嫂們的「瘋狂」，是因為她自己曾經歷過類似的絕望與「瘋狂」。〈燭心〉中有一句很容易被忽略過去的話：

> 「除開你那雙智慧的眸子，光灼得有些異樣之外，我真找不到他們所說你的瘋狂症在那裏喲！」

這是小說中的男主人公春星跟女主人公畸娜熟絡以後下意識說出來的一句話，說明被鎖在旅館裏半年不能下樓的畸娜，也成了別人眼中的「瘋人」，甚至她去信求助的報紙編輯部，對她也有相似的認知。春星繼續向畸娜提問：

> 「那你為甚麼還要在這世界上留戀着？拿你現在自殺條件，這般充足。」
>
> 「我嗎？……因為這世界上，還有一點能使我死不瞑目的東西存在，僅僅是這一點。它還能繫戀着我。」

這句話相當關鍵，某種意義上可以作為蕭紅一輩子飛蛾撲火的解釋。正是被外部逼到絕境，連瘋都不被允許的時候，反而催生出畸娜反抗人生的自覺——「還有一點能使我死不瞑目的東西存在」。外部壓迫的來源無從找起，內裏催生的反抗也無從命名，但就是憑着這點「死不瞑目的東西」，讓蕭紅堅持活了下來，並且一路奮起，「向人林裏去邁進」，也支撐着她度過未來十年難熬的流徙生活。

看上去，〈王阿嫂的死〉是一部生硬失敗的「左翼敍事」:「瘋」被轉喻為「階級壓迫」，壓迫致「瘋」的人是「無產階級」，而那點「死不瞑目的東西」也就成了「階級意識」的來源。可反過來説，正是蕭紅這種獨特的闡釋路徑，為左翼「學説」提供了情感維度的有益補充。關心人的情感境遇，由此成為蕭紅後續創作的重要面向。

在小説《生死場》中，我們又一次發現了熟悉的「瘋」女人。老王婆坐在一條餵猪的槽子上，給年輕的鄰婦講着孩子慘死的舊事。她講到自己如何因為忙着幹活兒，把孩子忘在一旁，又講到孩子如何從草堆上跌落，碰到了地上的犁鏵。慘死場面裏的每個細節好像都被回顧了無數遍，所以才能講得那麼仔細，小手微微顫，血往草地上流，還冒着氣……王婆發出「嘎而沒有曲折的直聲」，黑夜中一道閃電劈過，「看得清王婆是一個興奮的幽靈」——王婆顯然也是「瘋」

女人。

孩子的意外成了王婆一輩子的痛，可這慘死彷彿找不到怪罪的人。是自己照看不周？可如果沒有那麼多活計，或許就不會有顧不上孩子的危險。怪丈夫？怪給自己活計的地主？這村莊裏的人「忙着生，忙着死」，人命不如牲口，一個孩子死，太稀鬆平常了，怎麼算一回事呢？只要麥田在秋天長出來，就不會有任何後悔的心情。

可為甚麼看到隔壁的孩子長起來，自己還在痛苦呢？為甚麼明明是自己親手把陪自己勞碌了一輩子、早已沒了價值的老馬賣到湯鍋，可看到牠奮力向自己掙扎時，又會感到痛苦呢？為甚麼聽到久不聯繫、與前夫生的兒子作了「紅鬍子」被槍斃時，又感到痛苦呢？在這裏，每次死亡都與王婆自己的生死無關，卻彷佛都在帶走她身上的某些東西。可又無法講清，只能將情感轉化為每天晚上場院上不被理解的絮語，轉化為「嘎而沒有曲折的直聲」，那些「無詞的言語」（魯迅：〈頹敗線的顫動〉）。借用小説裏的話，「王婆一輩子的痛苦都沒有代價」，瘋狂就是這種「失聲」痛苦的表達。而痛苦的極致便是痛苦仍在傳遞。王婆身旁的鄰婦聽不懂她的絮語，也不理解她的痛苦，所以注定只能等等相似命運降臨，陷入相似的痛苦與瘋狂。這才是真正的「生死場」。

在蕭紅筆下，《生死場》裏的每個人都處在「瘋狂」的邊緣。這種瘋狂未必有一致的原因：租佃矛盾、家庭負荷、性別壓抑，甚至有情慾未能滿足的苦楚與寂寞。痛苦無法言表，卻在村莊裏蔓延循環，構成人心的「絕境」。抵達了絕境的痛苦，雖然來源不同，也就有了通約的可能。在這個意義上，《生死場》的獨特與珍貴，正在於對農民心裏「死不瞑目的東西」的捕捉。蕭紅着意刻畫的就是這樣一個痛苦匯聚的極點，它可能繼續循環，讓祖祖輩輩的痛苦繼續「沒有代價」，但也可能讓「年盤轉動」，化身成鋪就總體性變革的奔突地火。

「瘋狂」是蕭紅理解世界的重要角度，這一母題在她的創作中始終持續：是〈汾河的圓月〉（1938）裏再等不到應徵入伍的兒子歸來的「老瘋子」小玉祖母，是〈曠野的呼喊〉（1939）裏聽到兒子慘死在日軍手下，帶着錢在狂風中無助狂奔的陳公公，是〈北中國〉（1941）裏得知到關內的參軍的兒子反被中國人打死的消息後失心喪志的大先生，是《呼蘭河傳》（1942）裏「賣豆芽菜的女瘋子」王寡婦……「瘋狂」在這些作品裏都象徵着難明難言的情緒與苦衷，它們處在話語的夾縫，在歷史未被照亮的角落，等待着蕭紅「把他們很柔順的擺在那裏，而後慢慢的平平靜靜的把他們那為着打架而撕亂了的頭髮，用筆一筆一筆的給他們舒展開來」。（蕭紅：〈《大地的女兒》——史沫特烈作〉）

小說由此構成了一種有力的武器，它指向個體難明的生命經驗，指向那些未能言表的情緒碎片，指向以言行事、破解痛苦循環的方法。蕭紅正是從這裏開始「離開家，走向廣大的人群」。正因為對自己的生命經驗無比忠實，對解釋創傷記憶如此迫切，她才對他人苦難的情感維度如此敏感。「人心惟危」，舒展開這世界上這麼多人的精神角落，要擔荷起的是整個人類的心靈。這是最極致的平等追求：每一顆受難的靈魂，在情緒的天秤上都有着絕對相等的重量。

第二章 上海

匯聚上海

1934 年 6 月，二蕭乘坐大連丸，從「關東州」橫渡到青島，終於踏上了祖國的土地。他們此時一無所有，除了藏在茶葉筒裏揣在身上兩部未完成的書稿：《八月的鄉村》和《生死場》。

回想過去兩年，二蕭從一文不名，一字字把自己寫成了哈爾濱新文學文壇的「旗手」。雖然這文壇並不大，主要由一群身份、立場相似的左翼青年組成，不過幾家報紙副刊的固定版面。但這對他們的生活不無小補，安家在商市街 25 號的一處小偏房，雖然不免飢餓與窮困，總算解決了生計問題。

可這同樣是提心吊膽的兩年。日軍 1932 年初打入哈爾濱，「滿洲國」不久宣告成立。再後來，廢帝溥儀登基大寶，派出正式軍和清鄉隊四處剿除義勇軍,「安內」的計劃也同時提上日程。二蕭相遇在 1932 年 8 月,見證了哈爾濱這座城市易主的全過程。〈棄兒〉裏寫女主人公向窗外看去,「許多救濟船在嚷,手中搖擺黃色旗子」,這黃色旗子或許是「滿洲國」新國旗。蕭軍〈瘋人〉裏寫男主人公站上公園的假山,看到遠處日本小學校的樓頂,「一面日本旗在高揭而飄揚」。不過以上要素在兩部作品中都是一閃而過,説明二蕭此時還不太能衡量好淪陷的意義。真正在小説裏讀到二人對相關問題的思考,還要等到後來的《八月的鄉村》和《生死場》。

至遲到 1933 年 10 月《跋涉》出版時,蕭軍《八月的鄉村》已經提上了寫作日程。這是一部圍繞義勇軍抗日鬥爭的故事,對當時的「滿洲國」文壇來説,是毫無疑問的「反體制」文學。蕭軍在《跋涉》廣告上做宣傳,説明此時他還有將作品公開付梓的想法。不過,《跋涉》出版五天即獲禁,無疑宣告了後續出版計劃的破產。《跋涉》的出版更帶來一系列連鎖反應,據蕭紅在《商市街》裏的回憶,這部書問世不久,劇團同志被捕,家中也開始來人盤查。為提防人再來搜查:

> 郎華從床底把箱子拉出來，洋燭立在地板上，我們開始收拾了。弄了滿地紙片，甚麼犯罪的東西也沒有。但不敢自信，怕書頁裏邊夾着罵「滿洲國」的或是罵甚麼的字跡，所以每冊書都翻了一遍。一切收拾好，箱子是空空洞洞的了。一張高爾基的照片，也把它燒掉。大火爐燒得烤痛人的面孔。我燒得很快，日本憲兵就要來捉人似的。

如果沒有後來的逃難，在這種嚴厲地審查與自我審查的縫隙中誕生的《八月的鄉村》注定是「抽屜文學」。從公開到地下，二蕭早期作品的文本特徵反過來呈現了哈爾濱初期文壇的過渡性質，暫時的權力真空容納了這種「異見寫作」。可隨着文網漸密，則開始有轉化為「地下寫作」的傾向。到了 1934 年，二蕭身邊人被捕的被捕，從軍的從軍，逃難的逃難，直到他們自己也感到水漫上脖頸的危機。

二蕭的朋友黑人，也就是後來的舒群，最早離開哈爾濱逃亡關內。舒群是中共黨員，他還是第三共產國際下屬情報站的站長，二蕭居住的商市街 25 號是他的聯絡點之一，不知這裏曾經向外傳遞過多少有用的情報消息。一年之後，二蕭也被迫逃亡。他們不是地下黨員，也未必清楚曾經幫助過地下組織多少，但在嚴厲的審查面前，所有人都面臨着相同的危機。

這是因為淪陷初期的哈爾濱的新文學空間在很大程度上是由左翼運動開闢的。對比淪陷前後《國際協報》、《大北新報》等大報副刊不難發現，重新出版後的報紙新文學副刊的版面明顯增多，且往往帶有左翼傾向。這其實與中共滿洲省委在淪陷初期有意打入各大報紙副刊編輯部引導文化運動分不開。[1] 在黨員方未艾的回憶中，自己做過多家報紙副刊的編輯，後來更是利用自己在《國際協報》之便，把白朗招募了進去，《國際協報》由此成為哈爾濱左翼青年們的發表重地。

在這個意義上，二蕭在哈爾濱的文學歷程並不是簡單兩人的「跋涉」，無論他們是否自覺，他們所走

1 中共滿洲省委高層金伯楊，也是二蕭的好友，曾有建立作家聯盟領導文化運動的想法。

過的每一步源於哈爾濱左翼運動開拓的文化空間，他們的文學活動，也成為左翼抵抗運動的側應，而二蕭眼下的危機，也是整個哈爾濱左翼運動的縮影。

認識到「新文學」在哈爾濱淪陷初期與左翼運動之間的綁定關係，也就很容易理解二蕭與眾多黨員過從甚密。他們是同路人，也是保護色。比如上面提到的方未艾和白朗，都是二蕭的知交好友，方未艾是「九·一八」事變後與蕭軍一同逃到哈爾濱的好友，白朗、羅烽和舒群後來與二蕭一起同在關內流徙，自哈爾濱時期起便是最親密的朋友。這些二蕭的身邊人都是黨員。羅烽給中共滿洲省委高層，後來的抗聯英雄楊靖宇做過秘書。方未艾過年時和趙一曼、金伯楊一起包餃子。金伯楊，就是蕭軍作品〈為了愛底緣故〉（1936）裏的北楊，也是蕭軍的好友。而二蕭總去聚會的「牽牛房」，也是大量地下黨員聚會的地方，接待過楊靖宇，也接待過馮仲雲。可以說，這群牽牛房裏充滿波希米亞氣質、無時不歡的年輕人，是以黨團為核心建立的人際網絡上不斷伸展。他們輻輳在新文學報紙副刊周圍，在推進「滿洲國」初期哈爾濱的左翼文化運動的同時，也鋪就了國際共產主義運動在遠東的信息、人員和知識的流通網絡。

毫不避諱地說，二蕭是在哈爾濱左翼文化運動的氛圍裏成為了「二蕭」。他們在其中受到召喚，建立人際網絡，分享信息來源，[2]獲得資金支持，[3]也面臨同樣的危險。我們在二蕭早期作品裏讀到的左翼「學說」和辭藻，其實有着清晰的現實基礎。他們的作品本就是哈爾濱左翼文化運動的產物。否則，他們為何要冒着風險書寫義勇軍，又要在灰暗的農村、城市和工廠現實裏想像並創造一個個爆破現實，走向革命的瞬間呢？

兩年時間裏的鮮血與驚悸、希望與失望、信息與謠言、歡聚與隱蔽，在二蕭心中沉澱結晶為《八月的鄉村》和《生死場》。可以說，兩部作品是哈爾濱左翼運動在文化上的最大收穫。二者都在哈爾濱起筆，從公開的「異見寫作」逐漸變成「地下寫作」，它們

---

2 中共滿洲省委特派員傅天飛因舒群的介紹，在這裏講述過磐石游擊隊的詳細情狀，這成為蕭軍作品《八月的鄉村》重要的信息參考。

3 《跋涉》的出版費用是舒群捐助的，二蕭離開哈爾濱的費用也是各位朋友湊的。

是這場運動的產物，分享着相似的資料信息、理論前提、政治視野以及相似的被絞殺的命運。可兩部作品只有在「跨域」來到上海後，才轟動關內並真正獲得了它們的生命。在這個意義上，《八月的鄉村》和《生死場》其實寫在哈爾濱與上海之間，只有在「跨域流動」中，我們才能認識到兩部作品的全部意義。

逃到關內的二蕭，重新在上海撿拾起他們的餘生，也是新生。此前，他們是一場區域抵抗運動的「記錄者」，抑或是「造夢者」。而現在，在那場運動走向低谷的時刻，他們成了運動的「傳薪者」，也是某種意義上的「守靈人」。中國的革命實踐與左翼文學在他們身上展現出二者關係的全部複雜面向。

迎接他們的魯迅說，至少要有兩個筆名，一個為了革命，一個用來謀生。他們有了新名字：三郎成了蕭軍，也叫田軍，悄吟沒有放棄那個悄聲細語的過去，但她也成了「蕭紅」，二人的新筆名合起來，就是「紅軍」。走出哈爾濱的二蕭和他們的作品一樣，開始面對更為廣大的天地，上海真正成就了他們，也增添了新的煩惱與困惑。

如果此時將視野稍稍擴大，這一現象並不只在哈爾濱發生。在哈爾濱這群左翼青年加入左翼文化運動的前後，上海的吉林籍大學生李連萃選擇加入中國左翼作家聯盟，以東北為題材創作了〈最後一課〉(1932)、《萬寶山》(1903)，他就是後來的李輝英。而在天津讀中學的曹京平積極籌備學生抗日救國團，後在北平加入北平左聯，又於頓挫中創作出經典之作《科爾沁旗草原》(1939)[4]。他就是端木蕻良，蕭紅後來的丈夫。居住在琿春的張璞君本計劃前往蘇聯「東方大學」，因琿春防川邊境被日軍封鎖而作罷。1936 年抵達上海後，他以防川邊境為題材進行創作，後在茅盾的幫助下順利出版，即是《邊陲線上》(1939)[5]，筆名叫駱賓基。他後來遊歷福建、重慶、桂林、香港，在香港結識端木蕭紅夫婦，在病床前守護蕭紅直到去世的最後一刻。

哈爾濱、上海、北平、琿春，星散各地的青年，因應着東北淪陷的共同形勢，誤打誤撞地跌進了各地

4 《科爾沁旗草原》的著作時間是 1933 年，完成後一直未找到出版機會，直到 1939 年才始在重慶出版

5 《邊陲線上》寫於 1936 年，出版在 1939 年。

左翼文化運動的「兔子洞」，此後又順着左翼文化管道與時代思潮匯聚在上海，一同構成了今日為人熟知的「東北作家群」這一文學史現象。

正像二蕭與哈爾濱左翼運動之間的關係，李輝英與左聯、端木與北平左聯、駱賓基與中共滿洲省委東滿分局在「間島」地區（即今日延邊地區）的活動，也都有着密切的聯繫。四地青年對故鄉的情感以及對故土淪陷的思考，有着不同的區域經驗基礎，形成於不同的左翼脈絡，對此時的關內文壇來說他們都是「帶藝投師」。而隨着時代的緩步位移，這些青年人被逐漸整合成為「東北作家」。在 1935 至 1936 年這段時間裏，國際左翼運動的策略在發生調整，東北亞的地緣格局在發生變化。時代將這群年輕人推到前台。他們大都在上海左翼文學圈的接納下站穩腳跟，又在 1936 年文壇「東北潮」到來之際，獲得了跨越圈層的影響力。東北是他們在關內的身份標籤，是認同所繫，也就此締造彼此之間的緣分。而上海，正是讓這一切開始的地方。

「九・一八」的年盤

在關內充斥報端、激情洋溢的東北報道，作品與話語當中，來自東北的青年作家和他們的作品意味着甚麼？這個問題可分解成兩個部分來回答：首先，在別一語境創作，跟隨他們「跨域」而來的作品與上海之間形成了怎樣的關係？其次是，面對全新語境，他們如何重新尋找發聲的方式，並在這一過程中重塑了自我？

《八月的鄉村》和《生死場》是説明這一問題的絕佳個案。轟動關內的《八月的鄉村》和《生死場》，首先是「滿洲國」初期文壇的產物。[6]可如果不是關內文壇的接納，《八月的鄉村》不會有公開發表的機會。倘若留在哈爾濱，《生死場》也應該與今日版本呈現出不同的文本面貌。

這也是同時期四地東北青年作家作品的共同特點：它們形成於相對獨立的左翼運動氛圍中，往往是

---

6 本書第一章最後一節曾特別強調《生死場》在主題和寫法方面與蕭紅早期創作之間的延續性。

非常不成熟的處女作，而且大都不是為上海讀者創作的作品，卻意外收到良好反響。這説明東北青年作家們的創作與上海文壇之間形成了一種非常有趣的「耦合」關係。所謂「耦合」，借用的是電子學的術語，指代能量跨越介質傳播的過程。某種意義上，東北青年作家們及其作品從北平、琿春、哈爾濱到上海的「跨域」之旅，也是文學在不同左翼文化「棲息地」之間的「跨介質」傳播，它們相互橋接匹配，也形成了損耗。

《生死場》前兩章曾在《國際協報》連載，最初叫〈麥場〉(1934)，選擇的也是「滿洲國」文壇中相當常見的農村題材。蕭紅來到關內後，她在原作基礎上續寫了這部作品，對比已經面世的前兩章和《生死場》中的相關段落，只有極少字句被改動。[7] 也即是説，蕭紅在沒有調整此前寫作成果的情況下，成功將作品轉換為一部「全新之

7　這也可能包含了是魯迅的改動。因為魯迅在信中提到自己校訂《生死場》時只動了一些字句表述。而在《生死場》〈序言〉的公開發言裏，魯迅認為這部作品有「越軌的筆致」。

作」。關於她的具體做法，我們在下文還要做出詳細分析。這裏需要提到的是，從今日文本面貌上看，我們知道蕭紅確實因應關內形勢做出了調整。一個註腳是：這部作品的寫作風格在第十章後發生了不少變化。這一章題作「年盤轉動了」，剛好寫到「九・一八」事變的爆發。村民自此結成紅槍會、義勇軍和人民革命軍等各類反抗組織，小說開始明確表現農村民眾的抗日活動。這都不是蕭紅在「滿洲國」文壇時所能夠觸碰的話題。小說後半部分也由此被不少讀者視為寫法生硬、意識形態先行，直到今日還被不少研究者認為是對其早年寫作風格的「背叛」。

《生死場》這部在前後兩部分呈現出一定張力關係、卻又具有總體性的文本，放到整個世界文學史上恐怕都是極為獨特的現象。它在各方面都衝擊着今日的文學觀念。今日讀者對一部作品的預設往往是在相對穩定的外部環境中，由一人沿特定「風格」進行的文字創作活動。《生死場》卻是在變動的創作環境下，由作家主動調整寫法，也因此造成了某種風格上的非統一體，反而保有了總體性。這讓我們不由得反思到底是甚麼決定了一部作品的「總體性」，作品一定是風格統一的嗎？研究者今日還在為一個蕭紅還是兩個蕭紅，一部《生死場》還是兩部《生死場》之類的問題頭痛，[8] 恰好佐證《生死場》對當下審美意識形態的衝擊。

事實上，這部作品的總體性在文本中清晰可見，一條線索是小說對時間的安排。這部小說的故事時空設定非常明確，小說一至九章是 1922 年 8 月到 1923 年夏的一年，十二至十七章是 1933 年春到秋的半年。前九章的時間設計高度整飭。夏秋冬春不斷循環，每一章的季節特徵都非常鮮明。後六章則是一整段連續的故事，季節特徵變得不明顯，頻繁借用人物視角，情節性明顯增強。看上去前九章與後六章是完全不同的寫法，可這兩部分在時間設計上卻未截然斷開，而是被十、十一兩個短章節連接了起來。這兩章有意延續了季節輪替的風格。小說第九章結束在夏

8　這個問題在小說誕生之時並不存在，1930 至 1940 年代的小說讀者都沒有讀出這部作品的「分裂性」。

季，第十章則設定在十年後的秋季（「秋夜長」的童謠／被涼風飛着頭髮），到了第十一章，「年盤轉動」於 1932 年的冬天。也就是說，蕭紅有意識構造了前後兩部分之間鬆散的黏連關係。

小說形式的創造，往往能夠呈現作者積極的組織力量。這種組織並不只具有形式意義，也影響着小說的具體表意。正是借助這種形式橋接，蕭紅對淪陷前的農村苦難與日軍侵略兩事的思考也得以建立起邏輯關係，這也是《生死場》的根本總體性所繫。

承上所言，《生死場》前九章繼承的是〈麥場〉的寫法，意在呈現苦難的循環及其無解。這個「苦難」在《生死場》中可以被定位在 1922 年，但這是根據小說後半部分添加的時間標記逆推出來的，〈麥場〉本身不包含任何時間標記。反過來，當我們將〈麥場〉還原到「滿洲國」報紙副刊的原始語境中來閱讀時，應該能意識到〈麥場〉的故事時間如無特殊強調，其實應指涉當下（1934），因為東北青年作家們是為了暴露鄉土現實，將底層的苦難轉寫成對「滿洲國」政權及背後日本殖民者的批判，所以也就更無必要書寫十年前的鄉村故事。這說明蕭紅通過給作品增加一個時間維度，將故事發生的時間提前了十年，從而整體性改變了〈麥場〉部分的意義。而借助「滿洲國」建立前後這十年的跨度，原本的空間故事被轉寫成一則時間故事。

這一創造性發揮激活了小說的原初結構，也在故事層面將前九章與後六章更為深入地連結在一起。小說前半部分的苦難看似與政治無涉，但「忙着生，忙着死」的愚夫愚婦們的生活狀態已經處在變革的極點上。反抗的動能積聚在底層苦難敍事的紙背，它們只等着年輪轉動，在「喻像」（Figura）[9] 的意義上獲得展開。而具體到現實，這說明 1922 年的農村苦難與 1933 年的日軍侵略絕非無涉，東北地區的現代性從一開始就伴隨着殖民性展開，而「九・一八」事變是這種現實的激進化表達。帶着這個視野重讀《生死場》，其實類似思考早在小說開篇就奠定好了：

---

9 此處借用 Eric Auerbach 在研究聖經及基督教世界觀時提煉出的精彩概念說明小說前後兩部分之間的張力關係與統一。Eric Auerbach: *Figura*, in Eric Auerbach: *Scenes from the Drama of European Literature*, University of Minnesota Press, 1984.

一隻山羊在大道邊嚙嚼榆樹的根端。

借助二里半家這隻調皮山羊的遊走，故事人物漸次登場，村莊全貌也得以緩慢向讀者展開，這是一則非常精巧的敍事。值得關注的是這隻山羊旅行的起點——「大道邊」，讀者不可將這「大道」輕輕放過。這「大道」既是王婆進城賣馬的大道，又是趙三上城做小買賣的大道；既是白菜車運輸蔬菜的大道，也是日本兵駛進村莊的大道。大道展現村莊與城市之間的緊密聯繫，故事中人的命運是與外部環境緊緊綁定在一起的。所以金枝丈夫成業會因為米價跌落感到喪氣：「米價落了！三月裏買的米現在賣出去折本一少半。賣了還債也不足，不賣又怎麼能過節？」成業家需要買米，這一點最明顯地呈現出他們一家作為農業「工人」的具體命運。所以當成業感覺沒活路時，他的第一個想法便是——進城。在這個意義上，這座哈爾濱周邊的村莊，其實在各方各面都已為城市高度控制，早已整合進資本主義世界市場的秩序之中，糧車與菜車是對勞動產品的控制，被迫進城的成業和金枝則呈現出對勞動力的控制。所以沿大道而來的日軍，無非是將現代壓迫以更為直截極端的型態暴露了出來：

> 草地上汽車突起着飛塵跑過，一些紅色綠色的紙片播着種子一般落下來。小茅房屋頂有花色的紙片在起落。附近大道旁的枝頭掛住紙片，在飛舞嘶嘎。從城裏出發的汽車又追蹤着馳來。車上站着威風飄揚的日本人，高麗人，也站着威揚的中國人。車輪突飛的時候，車上每人手中的旗子擺擺有聲，車上的人好像生了翅膀齊飛過去。那一些舉着日本旗子作出媚笑雜樣的人，消失在道口。

蕭紅這裏創造性地借助四種聲音寫出了「九．一八」事變所帶來的變化。汽車的鬧囂、傳單的嘶嘎、旗子擺擺有聲以及三個種族的人同時的媚笑，每一種聲音都具有高度象徵性。它們都是「現代」的：現代的交通工具、現代的宣傳手段、現代的國族象徵、現

蕭紅作品《生死場》封面

代的種族雜居事實。如果說此前的農夫農婦們還只是間接感受着「現代」的壓迫，現在他們終於見證了它的到來。這是「九．一八」事變後承擔着更為直接和激進的經濟、軍事侵略的東北地區命運的總體象徵。在這個意義上，得益於十年跨度，蕭紅對於這一問題的理解有了更好的呈現方式。而在創作及發表語境改變後，這種問題意識上的總體性意外以一種更為明晰的方式獲得了表達。

《生死場》是蕭紅正面回應時代政局變化的第一部作品。也正因此，這部作品對蕭紅而言十分重要。設想如果留在哈爾濱，〈麥場〉不過是擴大版的〈王阿嫂的死〉。正是關內的全新語境逼迫蕭紅向前了一步，幫助她將思考全部敞開。《生死場》後半部分正面處理了抗日與革命的主題，這並不是蕭紅熟悉的內容，她缺乏相關經驗，又無法發揮自己的寫作專長，也限於「滿洲國」的審查現實，所以在早期創作中常常規避。

《生死場》後半部分的寫作仍然不免青澀，留下了文學模式借用的清晰痕跡，[10] 小說在風格上的統一性也因此被打破。可正是依靠文學模式的借用，蕭紅才得以表達出自己關於時局的總體思考。這是一次不完美然而重要的回應。

自此而後，蕭紅愈來愈具備把握時代政治走向的能力，尤其敏感於時代政治走向之於個人的意義。「蕭紅風格」與時代議題不斷交織，逐漸形塑出她看待世界的獨特方式。新的蕭紅正在誕生。

上海的「義軍」

跨域流動的現實對《八月的鄉村》與《生死場》造成了不同方向的影響。如果說《生死場》前後風格的不統一，折射出作者在創作思路層面的調整，《八

---

10 小說後半部分很明顯借用蘇聯作品《鐵流》、《潰滅》的敘事模式，將抗爭處理為人在偉大時代的淘汰與淬煉的主題。蘇聯典範作品與文學模式的借用，在四地東北青年作家的處女作裏，都有清晰的痕跡。

月的鄉村》這部作品情節連續，文本型態統一，[11] 則呈現出作家創作思路的某種延續性。某種意義上，《八

11 這一點可以為小說的情節框架印證。雖然魯迅說《八月的鄉村》是「近乎短篇的連續」，這大概是因為小說頻繁變換人物視角造成情節支離的緣故。如果將支隊視作主人公，小說的情節框架其實相當緊湊 —— 即，支隊如何以游擊戰的方式逐漸壯大，並訓練成為一支有紀律的隊伍。小說首先講的是一個匯合的故事，又講了一個隊伍在游擊戰中不斷壯大的故事。蕭明顯然是被派入偽滿軍中負責組織起義的年輕軍人，他帶着偽滿軍中「嘩變」的九人趕往王家堡與部隊匯合。而匯合後的人民革命軍以炸翻敵軍給養車的方式引得敵人來襲，借助游擊策略成功轉移後又裏應外合回襲王家堡，予以敵人重創。在這一成功案例中，革命軍隊員的英勇、草市工人的情報、偽滿軍中各位同志的內應，缺一不可。駐紮日軍血洗村莊，鐵鷹隊長再次帶隊偷襲，卻因唐老疙瘩的個人問題耽擱了時間、未能及時轉移，致使部隊遭到重創。司令考慮打下附近的一個地主武裝來休養，並以唱歌、演講等多種方式號召農民參軍，主力部隊也在敵軍入侵前成功轉移、奔向東安。正是依靠着不斷吸收「滿洲國」部隊裏的軍人和無路可走的農民，隊伍從 40 人逐步擴大到 200 餘人，游擊戰爭至此充分展現出了它的優越性。而這些都發生在連續的十天裏，小說所處理時段的集中，是情節緊湊感的直接來源。而與情節連貫相對應的，是蕭軍寫作週期的漫長。從 1933 年 10 月《跋涉》出版附錄的廣告來看，蕭軍此時已經處於寫作狀態，而小說在 1934 年 10 月 22 日才告成。在這長達一年的寫作時間裏，人民革命軍和義勇軍的現實情勢瞬息萬變，蕭軍的個人生活也經歷了從關外到關內的動蕩流徙，小說的目標讀者群也發生了改變。但蕭軍看上去卻並沒有受到任何影響，反而創作出一部在文本形態上相當連貫的、情節連續的作品。這說明蕭軍的核心思路沒有發生變化，具體呈現在《八月的鄉村》上，則意味着蕭軍對義勇軍的核心認識沒有發生變化。

月的鄉村》是可以在哈爾濱寫完的，《生死場》卻一定要在哈爾濱到上海的跨域流動中完成。

這也使得人們在閱讀這部作品時，往往忽視了它的區域特殊性。讀者往往認為這是一部典型的抗日小說或「國防文學」，意義明確，不存在任何誤讀的空間。可一旦讀者辨識到這部小說的核心設計，即人民革命軍與義勇軍的區分，便不會輕易下此結論。

讀者通常認為《八月的鄉村》是蕭軍從舒群朋友傅天飛那裏得來了磐石游擊隊的素材，因此簡單將這部作品視為磐石游擊隊革命鬥爭經歷的忠實再現。可如果仔細閱讀文本，讀者便會意識到，小說裏的小分隊並不是磐石游擊隊，而是接受磐石人民革命軍領導、尚未被正式改編，但自覺朝向磐石進發的隊伍。換言之，小說講述的是朝向「磐石」的故事。這點從小分隊的活動範圍就可看得分明。如果詳細考究書中出現的真實地名，小說中這個「中華人民革命軍第九支隊」的主要活動範圍其實並不在磐石，而是奉天省北部（今日吉遼二省交界處），剛好是磐石游擊區的外圍。[12] 小說更特別借主人公蕭明講出：「到東安去集合。到那裏我們是要被編成正式革命軍的啦！」東安就是磐石。

朝向磐石這個設計相當重要。因為《八月的鄉村》借鑑了蘇聯小說家綏拉菲摩維支的《鐵流》的情節模式，磐石結構性對應的是《鐵流》中莫斯科的位置。在這個意義上，《八月的鄉村》講述的是一個革命的原型故事。他在磐石安置了革命遠景，是他對於磐石游擊隊所代表方向的認可。

磐石游擊隊在東北革命史中代表了何種方向？熟悉情況的讀者會知道，這隊游擊隊是東北最早由中

12 書中平泉、草市、集場子、東安都是真實存在的地名，只有興隆鎮和王家堡的位置需要相對確定。小說第三章寫隊員埋伏在王家堡附近偷襲草市發往平泉的鐵路運輸車，這個消息是草市的工人送來的，而草市工人走到王家堡是百十里路，我們由此可推知王家堡和興隆鎮大致位於草市西南側五十公里左右的鐵路沿線。而小說第十二章寫支隊從王家堡出發，走了一整天後到集場子歇腳，磐石位於集場子的東北，可推知王家堡位於集場子西側約五十公里左右的位置。根據以上兩個條件就可以大概推定王家堡和興隆鎮的大致範圍。根據傅天飛報告中所畫的《游擊區形勢略圖》，磐石游擊區的西緣是四平市伊通縣。四平位於草市東北約五十公里處，故而第九支隊的主要活動範圍只能是磐石游擊區的外圍。

共滿洲省委直接控制，從義勇軍中改組而成的人民革命軍。1933年8月10日，中共滿洲省委曾發布指示《致各級黨部及全體黨員的信》，主題是號召游擊隊改組人民革命軍，以聯合其他抗日部隊，保存革命力量。磐石人民革命軍的建立早於指示，或者說指示本身就是對磐石游擊隊所代表路線及其前期探索的確認。

認識到這部作品表現的不只是「抗日」，而是「誰」的「抗日」，對於讀者把握這部作品的意義有決定性影響。《八月的鄉村》其實是表現「人民革命軍」壯大的革命的原型故事，[13] 與中共滿洲省委的政治視野保持了驚人的一致。這其中清晰包含了蕭軍的政治立場，也呈現出他對人民革命軍運作方式的某種原理性認可。用蕭軍晚年自己的話來說便是：「我寫這是代表他們的立場、方向。游擊隊打的是紅旗，不是青天白日旗。」

有趣的是，一部以講述人民革命軍立場、方向的

13 這一點是小說第六章以字號放大的「人民革命軍」字樣，和三次出現的「有地有星的臂章」以及「有着那樣大的『星』」的紅旗所清晰標示出來。

作品會被關內讀者們追捧，並獲得上海文壇近乎「一邊倒」的好評。評論家李健吾寫《八月的鄉村》的書評一開頭就寫到：

> 讀完這部義勇軍 —— 或如書中有意的區別，人民革命軍苦鬥的血史，第一個印在我們心頭的人物，不是那些形形色色的男女，而是具有堅強的性格的自然。

「或如書中有意的區別」，意味着李健吾雖然意識到了蕭軍在文本層面做出的區分，卻不清楚這種區分的價值。即使是上海的左翼作家也沒能識別出來這種區分的意義。周揚在評論裏盛讚小説讓人看到了民族感情和「東北民眾抗戰的光榮」[14]。而在 1934 年 12 月 10 日給二蕭的回信中，魯迅寫到：「義軍的記載看過了，這樣的才可以稱為戰士，真叫我似的弄筆的人慚愧。」「義軍」是「義勇軍」的簡稱。

---

14 但因為這是發表在雜誌上的公開評論，周揚即使了解小説的實質內涵，限於審查制度，也是無法明説的。

這一錯位清晰呈現出《八月的鄉村》與關內文壇之間的「耦合」關係。小說是在「滿洲國」文壇完成，以中共滿洲省委政治方向為價值取向的「抵抗寫作」。當它跨域流動來到上海後，此前無法公開發表的「抽屜文學」意外獲得了廣大讀者，可區域經驗差異帶來的信息差，也使得絕大多數關內讀者無法完整認識《八月的鄉村》的意涵。信息在跨介質轉換中產生損耗。

抗戰爆發前夕，諸多具有區域特徵的左翼革命實踐與具有區域色彩的左翼文學實踐都無比順暢地融入了民族解放與抗日文學的總體框架。以二蕭為代表的各區域東北作家在這一時期暴得大名，得益於關內文壇此時的現實需要，他們的作品也大都經歷了類似的「錯位」。在大方向上，日益高漲的抗日情緒契合着東北作家們「打回老家去」的願望，他們因此不約而同地願意配合讀者修正自己表述中的特殊性，[15] 可這種錯位的閱讀方式也會帶來經驗被抽象化的危險。

15 比如蕭軍此後就更多使用「義軍」，他在寫給中國共產黨的賀信〈滿洲三千萬同胞的代表來信〉中就用了「義軍」，而沒有特別提及人民革命軍的貢獻。

對東北青年作家們來說，1936 年的文壇是一個文學成果被迅速接納、文學抱負被迅速滿足的「黃金時代」。報刊大量登載他們的作品甚至主動約稿，小報上開始出現他們的名字乃至花邊，書店也開始接受他們的叢書選題，報刊、小報、書店，東北作家開始打入上海文化出版界的各個環節，一時有烈火烹油之相。

可上海的政治力量錯綜複雜，不同的政治力量都對東北作家展現出了不同的期待。率先接納二蕭的魯迅希望他們成為「鬥爭者」，作「鬥爭者的文學」。他們在革命的旗幟下迅速完成了互認，也早早奠定了二蕭在左翼陣營內部的傾向。以周揚為代表的「左聯」試圖以「國防文學」整合東北作家們的創作，稍後來到上海的舒群、羅烽、白朗先與二蕭接洽，又因黨員身份迅速加入「左聯」，成為支持「國防文學」口號的一方。到了 1936 年，國民黨放鬆對抗日口號的管制，《大滬晚報》副刊出現了集體冒名左翼作家創作民族主義文學的現象。其中，借用田軍（蕭軍）名號的文章有十四篇之多，也有冒名蕭紅、舒群的文章，今日《蕭紅全集》、《蕭軍全集》當中還有誤收的偽作。[16] 這恰恰說明民族主義文學一方也有對於東北作家的期待。

相比於哈爾濱，上海與左翼作家的關係顯然更為複雜。不同政治力量斡旋制衡，每種力量都不佔據絕對優勢。身處都市「漩渦」之中，聰明人之間相互「勘破」，糊塗人在當中猶豫，各方動作都在漩渦的攪動中失真變形，任何一方都可能難以完全達成自己的目的。民族主義、左翼文化與都市文化交替為用，彼此制約，互為因果。

上海這座城市對於這群東北年輕人而言，既是機遇，也是危機。無論如何，憑藉此前作品一炮而紅後，他們下一步要做的，是調適好自己與這座城市之間的關係，在這個更複雜也更廣大的舞台上，重新「開口」說話。

---

16 比如今日收入蕭紅全集的〈長白山的血跡？〉、〈女子裝飾的心理〉、〈亞麗〉三篇，收入蕭軍全集的〈《誓言》及其作者〉和〈逃〉，都是誤收的偽作。

「牛車上」的女孩

蕭紅在抵達上海後曾有好長一段時間不適應新的寫作環境，在和魯迅的通信中曾分享自己無法寫作的「焦躁的心情」。對此魯迅寬慰到：

> 你們目下不能工作，就是靜不下，一個人離開故土，到一處生地方，還不發生關係，就是還沒有在這土裏下根，很容易有這一種情境。一個作者，離開本國後，即永不會寫文章了，是常有的事。（魯迅致蕭軍蕭紅信，1934 年 12 月 6 日）

《生死場》之後，蕭紅迫切需要在上海重新找到自己的聲音。蕭紅邁出的第一步是〈小六〉（1935）。這是一部短篇作品，無論寫法、風格，還是主題，都與此前創作有明顯的延續性。小六一家是城市裏的貧民，房東因為建房的需要，逼迫他們搬家。小六的父親將火氣撒在母親身上，母親則一氣之下抱着小六跳了家附近的水溝。

從主題上看，這部作品意在表現都市貧民生活中的不平。小說尤其着眼的，則是這種壓迫的傳遞過程。小六一家失去住房本是房客與房東間的矛盾，但外部矛盾卻進一步轉化為家庭矛盾。這是蕭紅此前持續關注的主題。小說這裏的處理更是精巧，顯現出蕭紅高超的寫作能力。她只用了「賣床板」這一個細節，就清晰呈現了壓迫的轉嫁過程。小六一家要搬家，為了生計，家裏的床板只能賣了填補家用，可也正因為床板被賣，夫妻共眠的床板變得不夠用：

「別擠我呀！往那面一點，我腿疼。」

本來是房東來爭房，卻變成了丈夫來爭床，外部空間的爭奪就此轉化為家庭內部空間的爭奪，家庭內部的權力關係於此展現得淋漓盡致。但小說到這裏並沒有停止，壓迫繼續向下傳遞：父親將火撒在母親身上，母親只能抱着小六跳河。小說結尾特別寫到在母女跳水又獲救的夜：

濕得全身打顫的小六又是哭，女人號

> 啕到半夜。同院人家的孩子更害怕起來，說是小六也瘋了。

「瘋」是我們熟悉的關鍵詞，意味着蕭紅關注的「壓迫」仍然不只是經濟層面的，而有着清晰的情感面向。小六是整個故事中最無辜的存在，是傳導鏈的最底端。這或許是小說從〈搬家〉改題為〈小六〉的原因，借助小六的視角，壓迫才呈現出更為豐富的層次。

小六的主觀視點在這部作品裏大段存在，成就了這部作品最大的特色。試看小說開篇：

> 小六家房蓋穿着洞了，有泥塊打進水桶，陽光從窗子，門，從打開的房蓋一起走進來，陽光逼走了小六家一切盆子桶子和人。
>
> 不到一個月，那家的樓房完全長起。
>
> 在小六娘覺得，只要那些人醒來，樓好像又高一點，好像天空又短了一塊。那家的樓房玻璃快到窗框上去閃光，煙筒快

要冒起煙來了。

這是一段頗具「蕭紅色彩」的開篇。豐沛的感官體驗、美好的自然景色，以及藏在體驗與景色背後的殘酷現實，無不令讀者聯想起〈王阿嫂的死〉與〈棄兒〉。兩座房子，一座正拔地而起，一座卻千瘡百孔。敍事者卻對此無知無覺，反而給了故事一個陽光明媚的開場。讀者當然能參透這其中的含義：小說裏陽光從打開的房蓋灑了進來，其實是小六一家的屋頂被擊穿了。小說從小六娘的主觀視點寫天空短了一塊，其實是在暗示對面高樓給一家人帶來的心理壓迫。

小說開篇本是一段無主敍事，雜糅了風景與人事，這是很多蕭紅早期作品的常用手法。但在疊加了下文兒童小六的主觀視點後，竟然產生了一種具有兒童感的閱讀效果。或者說，這種被我們命名為「蕭紅色彩」的寫法，本身就與兒童的觀察角度有很強的相似性，由此意外產生了某種融合效果。

〈小六〉的代表意義在於，此後為蕭紅應用純熟的「兒童視角」或許正是在這部作品當中成形。所謂「兒童視角」，當然是由成年敍事者擬設兒童的觀察角度完成的敍事，因為兒童在人們慣常理解裏被認為注重直覺和色彩，感性大於理性，缺乏敍事能力和情感分辨能力以及語言運用能力，「兒童視角」就是類似敍事效果的集合：感官體驗的豐沛性與在場感、非常規敍事（如散點、非聚焦敍事）的大量應用、[17]情感態度上的複雜多義、不符合語法規範的句子使用[18]等等。這大都是蕭紅自創作伊始就體現出來的寫作特色，在〈小六〉裏，它們第一次得以在兒童角色身上附麗，從而迸發出令人矚目的敍事能量。

我們也正是在蕭紅對相似題材的不同處理上看到她此時的變化。租房是蕭紅經常寫作的題材，都市貧

---

17 也包含類似於「床板」這樣不着眼於場面與故事線，而是僅憑對物象與細節的勾勒達到以點帶面效果的精巧敍事。因為兒童往往被認為是「缺乏」敍事能力的。

18 比如，〈小六〉裏面有一句話：「娘在有月的夜裏，和曠野上老樹一般一張葉子也沒有，娘的靈魂裏一顆眼淚也沒有，娘沒有靈魂了！」這其實是一句相當費解的話，事實上是幾句話的壓縮。一，「娘（彷彿）在月的夜裏，和曠野上（一張葉子也沒有的）老樹一般。」二，「在有月夜的夜裏，曠野上的老樹一張葉子也沒有。」三，「娘跟老樹一般，娘的靈魂裏一顆眼淚也沒有」。因為娘可以類比成老樹，所以娘沒有眼淚也可以類比成樹沒有葉子。三句話是彼此重疊相關的句子。這句話將三句話壓縮在一起，看上去是病句，反而製造出某種新奇的語義效果。

民的境遇也是她樂於處理的主題。設想這個故事如果出現在哈爾濱時期，蕭紅一定會借助左翼「學說」的修辭將租客房東矛盾講述成階級矛盾。她很可能不會使用那麼多小六的主觀視點，因為小六娘的視點更能支撐外部矛盾向家庭矛盾的轉嫁這一主題。將壓迫的傳導鏈導向小六，含混了批判的清晰指向，反而讓讀者感同身受的無助感無以附麗。

「兒童視角」至此呈現出它的雙重敍事功能：它一方面令作者的左翼關懷更為含蘊，另一方面也幫助作者暫時擱置困惑。這説明蕭紅雖然不希望放棄對於貧民的關懷，但已經不再滿足於階級敍述所提供的簡單解釋。「兒童視角」由此成為某種擱置敍事的形式手段，既傳達作者的情感態度，又保留了繼續思考的餘地。

「兒童視角」在此後作品裏的頻頻出場，證明蕭紅意識到這一敍事方式與自身心境的契合性。面對上海的全新語境，這可能是她最感舒適的發言方式。在〈牛車上〉（1936）和〈家族以外的人〉（1937）當中，「兒童視角」的使用更為自然嫻熟，兩部作品中語言的成熟度、人物語言的細膩與敍事的流暢完整，都可以稱作蕭紅創作歷程的里程碑。

小說〈牛車上〉開始於常見的風景描寫——「金花菜在三月的末梢就開遍了溪邊」，隨後一輛牛車便從風景中走出了「外祖父的村梢」。讀者讀到這裏，清楚小說的敍事者是外孫女「我」，兒童又一次成了故事主要的視線發出者。

事實上，這部作品的匠心正在敍事視角的選取。〈牛車上〉講的是一位曾經的逃兵——遠房舅舅，和一位逃兵妻子——五雲嫂，在送「我」回家的牛車上嘮家常的故事。小說全以對話連綴，讀者是從對話裏知道了五雲嫂的丈夫成了逃兵頭目，被就地正法，也知道遠房舅舅因為逃兵身份不敢回家，只能在異鄉打長工，賺不到錢也沒有回家的指望。遠房舅舅與五雲構成了命運的鏡像，無論逃脱與否，被徵兵的農民都命運慘淡，沒有選擇。

這種全以對話推進的極端敍事，只有歸結在一個佯睡的兒童身上，才能保證敍事的可信性。否則在第三人在場的情況下，兩人何以能交心到如此深入的地步呢？小說因此不時插入「我」孩子氣的觀察，比如幾次用閒筆描寫五雲嫂的藍色頭巾，因為這才符合躺在懷裏的「我」的視線和視覺焦點。小說也用我的眼光描寫了時光的流逝:「這時候，牛角也模糊了去」。這與《生死場》裏「牛角上掛着青天的游絲」有着異曲同工之妙，兩者都來源於躺在牛車上的視角，完美再現了一種十分新鮮的視覺體驗。也是因為「我」的存在，小說得以暗示兩人之間的情愫:「當兵的人，怎麼也會替人拿手巾？我感到了驚奇。」這進一步解釋了敍事的可信性。

兒童意識保證了敍事者得以在關鍵事件中扮演一個清白的旁觀者，這個不理解故事、也始終無法進入對話的「我」，正是讀者在這部作品裏的情感坐落。讀者以不明白、不關心的方式進入故事，最終體會到無計可施與無可奈何，這反過來增強了讀者與角色間的共情。小說最後收束在我們這輛牛車與別的牛車相遇的瞬間，彷彿每輛牛車上都有一個悲哀的故事，彼此相遇、卻又錯過。值得注意的是，苦難之間形成的是錯位而不是共情或召喚的關係，也即是說，苦難被敍事者封鎖在每輛牛車內部，這又一次呈現出蕭紅對困惑的擱置，作者將最終裁量權交給了讀者。

〈家族以外的人〉同樣選取兒童視角講述故事。

這部作品以兒童花姐的視角講述有二伯的故事，主要橋段後來在《呼蘭河傳》中被二度重寫，我們也恰好在這種文本對比中，感受到〈家族以外的人〉對於兒童視角的苦心經營。在〈家族以外的人〉中，每一個有關有二伯的片段都有花姐在場。這意味着〈家族以外的人〉不僅是有二伯的故事，小説更看重的是有二伯和「我」的交集。有二伯與「我」同作為家族的「邊緣人」，二者命運有着似有若無的連帶關係。如此，小説中每段有二伯的片段，其實不只關於有二伯，而是寫在兩人命運的「切線」上。小説結尾寫到，花姐最終進了小學校，有二伯「從此也就不見了」。花姐雖然在有二伯這個家族邊緣人身上感受到了相似的情感和情感連帶，但自己卻留在了家族裏。由於身份差異，兩人的命運軌跡在這裏短暫「相切」，又立馬分途。兒童視角在這裏的必要性在於：故事中的花姐雖然不諳世事，沒能顧得上有二伯的離開，經年後書寫這段故事的，主動選擇成為「家族以外的人」的蕭紅，卻重新承擔起了這份「原罪」。這種原罪早已無法用階級情感來解釋，卻具有使人共感的能量。小説所盡力維持的這個「清白的旁觀者」視角，是要將更多「清白的旁觀」的讀者拉入反思的隊伍，從而締造出讀者與有二伯這類人群之間「我們」的認同。兩部作品裏的敘事者雖然都不無猶豫，卻讓作品打開了更為豐富的意義空間，兒童視角幫助作者呈現出更為複雜的思考。

值得一提的是，蕭紅也在這兩部作品中第一次展現了她的敍述能力。無論是〈牛車上〉裏符合人物身份的對話描寫，[19] 還是〈家族以外的人〉中準確的場面描寫與情節安排，都清晰地證明蕭紅是有能力講好經典現實主義意義上的故事的。這是蕭紅創作走向成熟的重要標誌。只有具備這樣的寫作能力，《馬伯樂》的創作才是可能的，也只有充分掌握了現實主義敍事技巧後，《呼蘭河傳》的放棄才稱得上更具自我意識的選擇。

---

19 蕭紅有意使用渙散的語言復現農民下意識的談話與思想狀態。缺乏語言的精準刻劃，五雲嫂的痛苦是沒有形狀的。小說特別寫到：「她再說下去，那是完全不相接連的話頭」。在複述探望丈夫殺頭場景時，五雲嫂不忘寫人群被官兵驅趕着「一直趕上了道旁的豆田」，「站在豆秧上」。因為是農民，才對踩了莊稼這一細節印象深刻。蕭紅對農民語言的留意其實在她描繪《生死場》中的王婆時即有出現：「她的講話總是有起有落。關於一條牛，她能有無量的言詞：牛是甚麼顏色？每天要吃多少水草？甚至要說到牛睡覺是怎樣的姿勢。」

重述商市街

從〈小六〉到〈牛車上〉、〈家族以外的人〉，一個共性特徵是蕭紅調整了此前在哈爾濱奠定的寫作方式，左翼學説的使用頻率大大降低，借助兒童視角，蕭紅有意擱置敍事者的介入，文本的意義空間也開始變得曖昧豐富起來。

要理解蕭紅此時的轉變，《商市街》（1936）是需要細讀的重要文本。《商市街》是蕭紅第一次在上海回望東北經驗的作品，蕭紅對哈爾濱生活記憶的清理，同樣處在蕭紅重新找尋聲音的微妙當口。

讀者往往將這部作品看成是散文，作品裏豐沛的細節，往往未經考證便引為傳記素材。這種理解方式其實輕視了《商市街》的虛構性。《商市街》裏的不少橋段都曾在二蕭早期創作中出現。但對比後即可發現，蕭紅書寫的側重與傾向都發生了不小改變。比如「星星劇團」在《商市街》裏被一筆帶過，「還不到三天，劇團就完結了」。可蕭紅是星星劇團重要的發起人，對劇團有很深的感情。直到二蕭來到上海，在魯迅的引介下認識了聶紺弩和周穎夫婦，還對周穎所在的戲劇組尤其關心。[20] 這不是說回憶一定要分出真假，而是說明回溯性敘事的根柢在現在的蘊含，是當下的情感立場決定了回憶的方向。讀者有必要把這部作品當成「虛構」，在「表達」的意義上，對這部作品的總體性予以足夠的重視。

事實上，《商市街》起筆在二人離開朋友家在外漂泊，中間寫二人費盡力氣在商市街 25 號站穩腳跟，直到結尾變賣傢具重新漂泊，圍繞着小家的建立與拆毀，顯然形成了一個情節意義上的閉環。這意味着文本在結構上含有某種整體性設計，背後折射出作者對於此前記憶的總體認識。

如果給《商市街》一種創造性的讀法的話，讀者甚至可以認為：「日常生活」是這部作品真正的「主人公」。回想作品的結構，《商市街》起筆在「逐出」，收束於「南去」，置於作品中心的，正是這樣一個溫馨的家庭被努力建成、生計漸趨穩定卻又迫於形勢親自拆毀的全過程。日常生活在作者心中佔據了相當獨

20 「周女士她們所弄的戲劇組，我並不知道底細，但我看是沒甚麼的，不打緊。」（魯迅致蕭紅蕭軍信，1934 年 12 月 26 日。）

特的位置。開篇砍了門才搬進來的床在結尾不忘要交代一下去向，一隻賣五塊錢的小鍋也承載了共患難的情感，作品雖然特別寫到「我」「沒有回轉一次頭走出大門」，其實剛好反證出主人公對大門內日常生活的眷戀。

而配合這種日常生活敍事的，是飢餓與恐懼兩種生理感覺構成了作品真正的「情節」。《商市街》前半部分講「飢餓」，後半部分講「恐懼」，二者都與日常生活息息相關，前者是努力爭取日常生活時所面臨的最大挑戰，後者是極力挽留日常生活時的最大障礙。

與兩者相呼應的，則是一種鋪陳物象的詩學表現：

> 木格上的鹽罐裝着滿滿的白鹽，鹽罐旁邊擺着一包大海米、醬油瓶、醋瓶、香油瓶，還有一罐炸好的肉醬。牆角有米袋、麵袋，柈子房滿堆着木料……這一些並不感到滿足，用肉醬拌面吃倒不如去年米飯拌着鹽吃舒服。

蕭紅、蕭軍在商市街 25 號
（圖片來源：魏時煜教授《跋涉者蕭紅》紀錄片）

雖然都是些基本的生活用品，並置在一起卻構造出琳琅滿目的效果：這間屋子終於從一個「沒有陽光，沒有暖，沒有聲，沒有色，寂寞的家，窮的家，不生毛草荒涼的廣場」，開始變得像「家」起來。鋪陳物象背後的喜悦感是溢於言表的。但整部作品的情節走向也就在這段話之後發生了轉圜——作者努力擺脱「飢餓」來贏得「家」，卻因「恐懼」的如影隨形感到危機，日常生活的喪失與作者的無力感因之成為後文的寫作重心。

讀者不由會問，二蕭在哈爾濱期間的左翼活動去哪裏了？它們被放到了括號裏。《商市街》看似圍繞日常生活的建立與瓦解這一主線來結構全篇，但試若多問一句，作者是在甚麼契機下、在誰的幫助下擺脱了「飢餓」，又是因為何種行動而無法免於「恐懼」呢？被緊緊壓在日常生活表象之下的，其實是革命生活。

在二蕭早期創作中，「革命」是一種情感態度，一種創作傾向，是事件的詮釋方式，也是作品的意義終點。他們是城市的主人，雖然弱小，是城市苦難的發現者，雖然不無自我懷疑。《商市街》以令人矚目的方式把日常生活與作者對日常生活的留戀放置到文學舞台的中央，締造出區別於早期創作的態度與傾向。那些曾經的鬥爭經歷，開始變得瑣屑非常。牽牛房裏的青年男女過的是一種狂歡達旦的波希米亞生活，「吃也沒有個吃的樣子」，屋子裏跳舞的當口，日本憲兵的小電驢子就「從馬路禿禿的跑過」，很有亂世男女不解安危，「今朝有酒今朝醉」的意味。《商市街》〈幾個歡快的日子〉一章特別提到同人圍繞「做人」的爭論：

> 每個人都會規定怎樣做人。有的人他要說出兩種不同做人的標準。起首是坐着說，後來站起來說，有的也要跳起來說。郎華正在高叫着：不剝削人，不被人剝削的就是人。

「做人」的話題誠然令人尊重，作者卻有意將這場爭論放置在一個「跳起來」和「高叫着」的語境當中，同人所爭論的內容與他們的姿態之間構成了微妙的反諷。而當寫到磐石來的革命軍朋友時，作者有意強調他是「生人」。雖然自己「煎着餅一邊跑到屋裏去聽他們的談話」，聽得興致勃勃以致煎糊了餅，卻一定要強調自己「呆站在門邊」的位置，似乎這場文化抵抗只是一場馬馬虎虎的遊戲，蕭紅對此則表現了相當的疏離。

值得注意的是，在這裏，性別構成了非常重要的區分角度。在這裏高聲批判的是男人，站在門邊的是女人，反諷來源於動作的誇張，也來源於性別差異——正確的男性與沉默的女性。這種「一到家就生出來」的、隨時而變的「學說」，和〈夏夜〉裏交了女友便不再批判都市摩登女子「吃『血』的嘴」的專欄文章相距幾希，恰好切中了此前持樸素階級觀念批判都市的青年作家的軟肋。

讀者終於明白：《商市街》看似是日常生活的瑣碎記錄，實則包含了對早年文化鬥爭經歷的深刻反思。借助日常生活敘事，作者得以建立起某種疏離姿態，性別在文本構成了一種獨特的話語裝置，凝結了蕭紅看待革命的複雜心緒。為何要以愛人為助手、一起向「人林」走去的參與者，如今成了「呆站在門邊」的旁觀者？蕭紅為甚麼對自己參與其中的左翼活動如此喪氣？

人們常常把東北青年作家流亡上海，融入關內文壇擬想為河川歸海、順理成章，彷彿回到母國的懷抱，吹向抗日號角，一切就萬事大吉。《商市街》則暴露出蕭紅此時的困惑。她在追悼友人金劍嘯的短詩中寫到：「朋友們慌忙的相繼而出走，／只把你一個人獻給了我們的敵手」（蕭紅：〈一粒土泥〉），真的萬事大吉了嗎？她心中那點「死不瞑目的東西」得到滿足了嗎？

商市街也是「傷逝街」。對這群慌忙出走的「逃兵」來說，哈爾濱的兩年是一則創傷經驗。雖然高喊革命、書寫鬥爭，革命卻並未如期到來。這是失敗的兩年。當同人們七零八落逃到上海，如何面對故鄉接連慘死的戰友？在有幸為上海的左翼文化網絡接收後，又要怎樣與上海的政治文化活動發生關係？上海是餘生。好多故事在來到上海的那一刻，都成了秘密。

在這個意義上，《商市街》呈現的是蕭紅對過去經歷的反省，對當下的困惑與選擇。這都最終折射在文本層面，蕭紅的探索形成了屬於自己的語言。

從《生死場》中散落各處的對於女性身體與情感

的關注，到《商市街》中以性別為中心完成對於文本的整合，蕭紅的性別意識獲得了進一步的發展，並在後來持續成為她寫作的重要面向。而完成《商市街》寫作的蕭紅，也開始賦予「日常生活」以別樣的重視，這同樣在蕭紅後續創作裏不時浮現。

性別視角與日常生活敍事，都源於她的切身經驗。作為一個被逐出家門、「早就沒有故鄉」的人，日常生活一直是蕭紅內心深處的渴望。被迫離開哈爾濱好不容易安定下來的家是她的隱痛。性別層面的不平等則更是她一貫的感受：因為是女生，讀書願望不被成全；因為是女兒，必須承受父親的婚姻安排；因為是妻子，承擔了家庭內外的隱形勞動；因為是女人，在都市裏離開男人便缺乏了行動力。女人之難，是她人生裏每時每刻都會遇到的課題。

而這種不平等，在她與蕭軍分分合合的情感關係裏就暴露得更加清晰。1936 年，二蕭出現感情危機。這種危機早有徵兆，上海為蕭紅提供了更大的底氣。蕭軍以二人早年哈爾濱的生活為基礎，寫下了〈為了愛底緣故〉（1937）。如標題所示，這篇文章的核心邏輯是革命與戀愛的衝突。小說中的男主人公也是進步青年，同伴 A 和 B 相繼參加磐石革命軍，實現了自己為多數人的理想，擺脱了知識分子的孱弱。可自己卻因為愛情的羈絆和愛人的拖累，離同伴愈來愈遠。雖然在他心目中，城市裏的工作與從軍「價值總是相等的」，但那種無法從軍的遺憾感也時時體現在男主人公和女主人公的日常生活中。可在蕭軍把這篇文章寄給在日本的蕭紅後，這種自我克服的幻象就在很大程度上被戳破了：

> 在那〈愛……〉的文章裏面，芹簡直和幽靈差不多了，讀了使自己感到了顫慄，因為自己也不認識自己了。我想我們吵嘴之類，也都是因為了那樣的根源——就是為一個人的打算，還是為多數人打算。從此我可就不願再那樣妨害你了。你有你的自由了。祝好。
>
> （蕭紅致蕭軍書信，1936 年 11 月 6 日）

蕭紅以相當尖刻的語言戳破了蕭軍「為多數人打算」的幻象。東北左翼青年們在革命上寄寓了過於美好崇高的想像，卻包含了一種以自我為中心認知革命的自戀結構。在這種認知方式裏，那些空洞的名詞、那些高聲的批判，反而變成感情中不負責任的遁辭，遠方的「多數人」值得無限關注，身邊的「一個人」反而成了「幽靈」。這有違創作的忠誠。

在這個意義上，《商市街》是蕭紅重新確立言説方式的一次嘗試。假如蕭紅等人還在哈爾濱，他們自然有理由延續此前的文化鬥爭方式，並認可自己的行為邏輯，「跨域流動」則意味着全新言説空間的敞開——問題意識、文化資源，甚至人際網絡，都在發生改變。來到上海的蕭紅逐漸置身在一個更為廣闊也更為鬆散的左翼群體當中，與哈爾濱時期相比，成名後的她有了更多應對世界的資本，有了更少的寫作限制，她的人際網絡發生重組，她與具體革命工作之間的關係也變得更加間接。

她的作品裏開始更少地出現馬到功成的紙上革命，而以個人經驗面對世界的姿態更為凸顯。哈爾濱左翼青年團體的離散與上海重組，減輕了他人對蕭紅創作的約束，也不再提供政治與革命遠景的支撐。比起那些輕易徵引的左翼「學説」裏的大詞，她開始、也只能更執着於信賴自己。我們因此在作品中更多看到那個在玫瑰樹下哭泣的身影，一個猶豫的主體。兒童視角、性別視角與日常生活敍事，是蕭紅借助個人經驗的提煉逐步發展起來的認知世界的新維度，以上視角同樣出現在她的早期創作裏，只是在蜕掉「學説」的外殼後暴露得更為清晰。「女性—日常生活」的綁定構成了一種敍事策略，以否定性的型態呈現出蕭紅對此前文化鬥爭方式的反省。兒童視角的使用讓作者在保留困惑的同時，傳遞出更為複雜幽微的情感。

在脱離哈爾濱左翼網絡、失去組織之後，蕭紅在上海展現出與「革命」相聯結的新方式。如果個體痛苦的原因難以追索，不妨擱置那些輕而易舉的同情，如果世上沒有一聲炮響的勝利，那就擱置那些輕而易舉的歡呼。與其説這是對革命記憶的拋棄，不如説是更好的忠實。

「黃金時代」的夜

今日研究者往往諱言蕭紅與「革命」之間的關聯。革命是一個大詞，蕭紅似乎無力擔荷。或許《商市街》的重要性在於：它告訴我們，革命對蕭紅來説仍是她生命裏需要回應的主題。如果革命的含義是空喊口號與名詞，是在諜戰的荷爾蒙裏無限擴大的自憐與自戀，那它當然是應該被拋棄的。可如果革命的含義是揆己度人，從自己身上的不公看到他人身上的不公，從自己心中那點「死不瞑目的東西」中看到別人心中那點「死不瞑目的東西」，那麼革命就仍是她值得追尋的主題。

1936 年，蕭紅赴日。暫時拋開令人疲憊的人際關係和眩人眼目的文壇，蕭紅在東京尋覓到了久違的「日常生活」，顯出難得的開朗：

> 窗上灑滿着白月的當兒，我願意關了燈，坐下來沉默一些時候，就在這沉默中，忽然像有警鐘似的來到我的心上：「這不就是我的黃金時代嗎？此刻。」於是我摸着桌布，回身摸着籐椅的邊沿，而後把手舉到面前，模模糊糊的，但確認定這是自己的手，而後再看到那單細的窗櫺上去。是的，自己就在日本。自由和舒適，

> 平靜和安閒，經濟一點也不壓迫，這真是黃金時代，但又是多麼寂寞的黃金時代呀！別人的黃金時代是舒展着翅膀過的，而我的黃金時代，是在籠子過的。
>
> （蕭紅致蕭軍書信，1936 年 11 月 19 日）

這段文字常常為人徵引，也是電影《黃金時代》（2014）片名的由來。文字中最動人的莫過於那一連串的動作：坐在窗邊的主人公關上電燈，感受着難得的靜謐，突然覺得難以置信，她摸向桌布，又順着摸向椅背，彷彿要以觸覺印證這生活的真實。隨着，她又將手縮回舉高，對着月光細看，彷彿又要以視覺印證觸覺的真實。在這一切都得到印證後，聚焦在手上的眼神渙散失焦，主人公因之看到遠處為月光照亮的窗櫺。

從逃婚開始就殷殷期待的安穩生活，如今竟來得如此輕易，輕易得讓人難以相信。可為甚麼心下只有淡淡的惋惜？為甚麼如此寂寞？為甚麼偏偏是異邦？該是我的嗎？「黃金時代」四字由是帶上了一絲反諷意蘊。

相似的情緒也出現在同時期另一篇文本〈孤獨

的生活〉(1936)裏。這很像是一篇為胡風譯小說集《山靈》所作的書評,卻起筆於自己在日本的日常生活:藍色的電燈、吵鬧的蚊蟲、不通的語言、窒息的安靜——日常生活原來如此苦悶。百無聊賴之際,她發現桌邊胡風寄來的《山靈》。她隨便挑了一篇來讀,卻因此讀得入港:

> 我感到了藍色燈光的不足,於是開了那只白燈泡,準備再把山靈讀下去。我的四面雖然更靜了,等到我把自己也忘掉了時,好像我的周圍也動蕩了起來。

這是化用了胡風譯者序中的文字,胡風的翻譯也總在深夜:「漸漸地我走進了作品裏的人物中間,被壓在他們忍受着的那個龐大的魔掌下面,同他們一起痛苦、掙扎,有時候甚至覺得好像整個世界正在從我底周圍陷落下去一樣。」《山靈》成為蕭紅貧乏日常生活的拯救性力量。

為甚麼是《山靈》?蕭紅讀到了甚麼?為甚麼構成了拯救?

《山靈》是日本殖民地作家的小說選集，都是朝鮮和台灣小說家的日文寫作，由胡風翻譯選編而成。蕭紅非常細膩地描寫了她閱讀〈聲〉一篇的體驗。這是朝鮮左翼文學作家鄭遇尚的作品。

有趣的是，〈聲〉剛好是一部描寫了東北間島地區的朝鮮革命黨的作品。女主人公順姬和她的丈夫權龍八都是間島人，順姬是富農的女兒，父親還任職村長。權龍八是貧農，村裏的貧農一起策動了逼宮和燒契，順姬也背叛了她的家庭。在隨後的大抓捕中，權龍八被捕，扭送到朝鮮京都城（即今首爾）。順姬此時已經懷孕，她帶着孩子逃離家庭，來到京都作女傭，等待龍八出獄。小說正開始在順姬來到朝鮮京都監獄探望丈夫權龍八的時刻。權龍八面對妻子支支吾吾，竟然無法說出一句話。原來監獄裏的龍八拒絕出賣同伴，在審訊中一言不發。經久的沉默加上多日的喉嚨發炎，讓他意識到自己的聲帶竟然破裂了。他沒有氣餒，反而在獄中學習起日本語。而監獄外的順姬也慢慢由驚懼轉為理解，在下一次探監時用擁抱表達了她的支持。

之所以不避繁冗複述〈聲〉這則故事的核心情

節，是因為這則故事包含了太多蕭紅可能會關注的細節，卻都被有意避開了。比如順姬在丈夫被捕後作為生活重擔的承擔者，她的無助、絕望、失魂落魄，勉力維持生活的疲勞都在小說中有所呈現，小說特別提及，「丈夫底生活和苦惱壓進了自己的身裏，牢牢地抓住了她底感情」，這正是蕭紅以往寫作中特別留心的部分，卻被有意忽略。

引起蕭紅注意的是丈夫權龍八而不是小說的角心人物順姬。但她的關注點也不同尋常。比如她沒有關注權龍八早年間在間島地區的革命前史，這本來是一則東北的革命故事。她也沒有關注順姬與龍八的感情，這本可以寫成富農女兒背叛階級選擇愛情／正義的故事，又是革命者希望妻子與自己脫離關係的血色浪漫故事。她也略過了權龍八為了不暴露其他人而聲帶破裂的細節，這本可以寫成一個革命者意志堅定的故事。

蕭紅將閱讀的重心放在了革命者的「失語」：

> 那已經啞了的權龍八，他對他自己的不幸，並不正面去惋惜，他正為着鏟除這

種不幸才來幹這樣的事情的。

已經啞了的丈夫，他的妻來接見他的時候，他只把手放在嘴唇前面擺來擺去，接着他的臉就紅了，當他紅臉的時候，我不曉得那是甚麼心情激動了他？還有，他在監房裏讀着速成國語讀本的時候，他的夥伴都想要說：「你話都不會說，還學日文幹甚麼！」

在他讀的時候，他只是聽到像是蒸氣從喉嚨漏出來的一樣。恐怖立刻浸着了他，他慌忙的按了監房裏的報知機，等他把人叫了來，他又不說甚麼，只是在嘴的前面搖着手。所以看守罵他：「為甚麼甚麼也不說呢？混蛋！」

醫生說他是「聲帶破裂」，他才曉得自己一生也不會說話了。

在夫妻相會的場面中，蕭紅敏銳捕捉到了權龍八見到順姬後的「紅臉」，她隨後追問：「不曉得那是甚麼心情激動了他。」這個捕捉相當獨到。因為這段故事本是以順姬的主觀視點呈現的，是女性讀者最容易共情的視點。蕭紅卻是站在權龍八的視角重看了監獄會面，並且一眼看到了連敍事者都留心的權龍八的內心暗面。這呈現出蕭紅作為小說家的敏銳感受力。

事實上，蕭紅的閱讀大都是帶入了權龍八的視角後形成的感受：她認可權龍八作為革命者的堅強，她好奇革命者見到妻子後的複雜心情。她特別關注到權龍八學日文的堅持，更帶入了他的內視角，體會了一遍「曉得自己一生也不會說話」的恐懼。異語言環境與語言能力帶來的寂寞心情甚至恐懼感，其實是蕭紅當下的切身感受，蕭紅把自己的日語學習經驗和終日不能說話的恐懼代入其中，因而重新發現了小說裏頗多值得深味的細節。

蕭紅對監獄裏的革命者失語境遇的情感代入，正外化了那隻「黃金時代」的鳥籠。日常生活誠然是蕭紅的願望與期盼，可一旦成了某種束縛，她還是在期待着解綁。寫作者蕭紅，注定要在語詞的密林中找到她的歸宿。她要在這個動盪的時代裏找到自我，而後「把自己忘掉」。

餘　論
寫出來的「生路」

「八‧一三」事變後九天，上海保衞戰還在激烈進行。全面抗戰的消息讓蕭紅及身邊流離在外的東北人喜出望外、精神大振，畢竟他們此前的全部期待就是「打回老家去」。蕭紅的〈失眠之夜〉忠實地反映了身邊人的興奮——他們七嘴八舌地談論着故鄉風物，地豆（土豆）、珍珠米（高粱）、鹹鹽豆……這些興奮的回憶與熱情的展望，竟讓蕭紅緩慢生出疏離的感覺，她意識到自己不愛吃高粱米，對他們提到的故鄉景色竟也是生疏的：

> 我一說到蒿草或是黃瓜，三郎就向我擺手或搖頭：「不，我們家，門前是兩棵柳樹，樹蔭交結着做成門形。再前面是菜園，過了菜園就是山。
>
> ……
>
> 「我們家就不這樣，沒有高山，也沒有柳樹……只有……」我常常就這樣打

斷他。

我們講的故事，彼此都好像是講給自己聽，而不是為着對方。

「我」一下子意識到此前團聚起大家的「東北」，原來是這般不同。遼西丘陵地帶的水草、垂柳和山峰，對於生活在松嫩平原上的蕭紅來説，是那般陌生。原來東北這麼複雜，複雜到不同人原來期盼的是不同的東西。更深的，「我」開始意識到「家」對不同人的意義是不同的：

家鄉這個觀念，在我本不甚切，但當別人説起來的時候，我也就心慌了！雖然那塊土地在沒有成為日本的之前，「家」在我就等於沒有了。

原來「打回老家去」，也無法解決心中的困惑，那不過是延期太久的承諾，竟然產生了平安的錯覺。可自己當初從事寫作的困惑是否因此解決了呢？看來抗日不是終點，只是中介。小説中的「我」由是失眠到黎明，並「在黎明之前，在高射炮的聲中」，「聽到了一聲聲和家鄉一樣的震抖在原野上的雞鳴」。

蕭紅的這次「失眠」讓她幾乎是在蓬勃的抗日文學大潮勃興的伊始，就與類似的寫作拉開了距離。這讓我們再次意識到她對於本心的堅持，不過她這次的追尋顯得更為孤獨，不再有蕭軍的陪伴，也與時代感召產生偏離。蕭紅重新拈出「家鄉」與「戰爭」兩個關鍵詞來思考，認真思索二者對於自身的意義。後來的時光裏，她都以文學作品做出了回答：前者是《呼蘭河傳》，後者是《馬伯樂》。二者都成於她生命的終點——香港。

與上海相比，蕭紅幾乎未與「香港」發生任何交集。但香港給蕭紅提供了她最稀缺的東西：寫作的自由。在兩年不到的時間裏，蕭紅創作了在關內不許寫的作品——〈北中國〉，這是直接回應皖南事變的小說；「遠離」抗戰的「落後」作品——《呼蘭河傳》，這是面向家鄉的私語；「怪異」的抗戰文學——《馬伯樂》，這是以個人流徙經歷為原型的戰爭文學。這三類作品不但在香港找不到讀者，就是發表在內地之後，也沒能收穫到它們的「理想讀者」。這完全是蕭紅寫給自己的作品，是她的「半部紅樓」。

香港也同時是她一生中最寂寞的時刻。蕭紅說自己最喜歡故鄉的秋天，但在香港，嚴寒不斷出現，不論是〈北中國〉裏的清雪，還是《呼蘭河傳》開篇隆冬龜裂的大地。《呼蘭河傳》裏反覆吟哦，「我家是荒涼的」。繁華的呼蘭城重新化為「北荒」，這個詞在〈馬房之夜〉裏也曾出現，彷彿因此復活了老關東在語詞裏留存的記憶。不再需要具體方位，在大雪掩埋之下，所有的人跡都成了方位。故鄉「是甚麼也看不見，遠望出去是一片白」。

《呼蘭河傳》由是構成了一部完全關於記憶的故事，甚至是元敍事。在充滿感官與直覺的寫作裏，無論童年記憶的美好，還是故鄉人事的卑瑣平凡，記憶可虛構、可變形。記憶的背後，是人心的絕境，也是眼前的茫然；是無路可走，是必須要走。

「呼蘭河」的指向在這裏早已虛化，把故鄉揹在肩上，我就是自己的故鄉。

香港城市大學中文及歷史學系
創系十週年叢書 04

跋涉
蕭紅的哈滬港行記

劉東 著

叢書總編 程美寶 陳學然

責任編輯 白靜薇
裝幀設計 簡雋盈 陳佩珍
排　　版 陳美連
印　　務 劉漢舉

出版
中華書局（香港）有限公司
香港北角英皇道 499 號北角工業大廈 1 樓 B
電話：（852）2137 2338
傳真：（852）2713 8202
電子郵件：info@chunghwabook.com.hk
網址：http://www.chunghwabook.com.hk

發行
香港聯合書刊物流有限公司
香港新界荃灣德士古道 200 - 248 號
荃灣工業中心 16 樓
電話：（852）2150 2100
傳真：（852）2407 3062
電子郵件：info@suplogistics.com.hk

印刷
美雅印刷製本有限公司
九龍觀塘榮業街 6 號海濱工業大廈 4 樓 A

版次
2024 年 12 月初版

規格
32 開（190mm × 130mm）

ISBN
978-988-8912-05-6